乡村振兴创新实践丛书

WOMEN
XIAZHUANGREN

我们下庄人

重庆市巫山县竹贤乡人民政府
重庆市巫山县竹贤乡下庄村村民委员会　组编

重庆大学出版社

U0724849

前 言

PREFACE

❖

2021年2月25日，在全国脱贫攻坚总结表彰大会上，习近平总书记向重庆市巫山县竹贤乡下庄村党支部书记毛相林第一个颁授"全国脱贫攻坚楷模"奖状和奖章。

毛相林说，"全国脱贫攻坚楷模"这个荣誉，不仅是他个人的，也是全体下庄人的。

为大力弘扬传承不甘落后、不等不靠、不畏艰险、不怕牺牲的 "下庄精神"，把下庄建设成党性教育基地村、乡村旅游重点村和乡村振兴示范村，我们组织采访了几十年来参与下庄出山路、脱贫路、振兴路建设的老一辈和新一代下庄人代表，听他们讲述筑路、凿路、兴路的奋斗故事。

他们，有不忘初心、不负人民的党员干部，有不畏艰险、不怕牺牲的无名英雄。

他们，有的身残志坚，有的力担千钧，有的巾帼不让须眉，有的轻伤不下火线，有的死里逃生，有的魂断山崖。

他们，有的数十年守望下庄，有的走出去闯荡他乡，有的又回来逐梦家乡。

他们，都是"下庄精神"的创造者、传承人。

谨以此书，献给我们下庄人！

重庆市巫山县竹贤乡下庄村

村民委员会

2024年5月

目录
CONTENTS

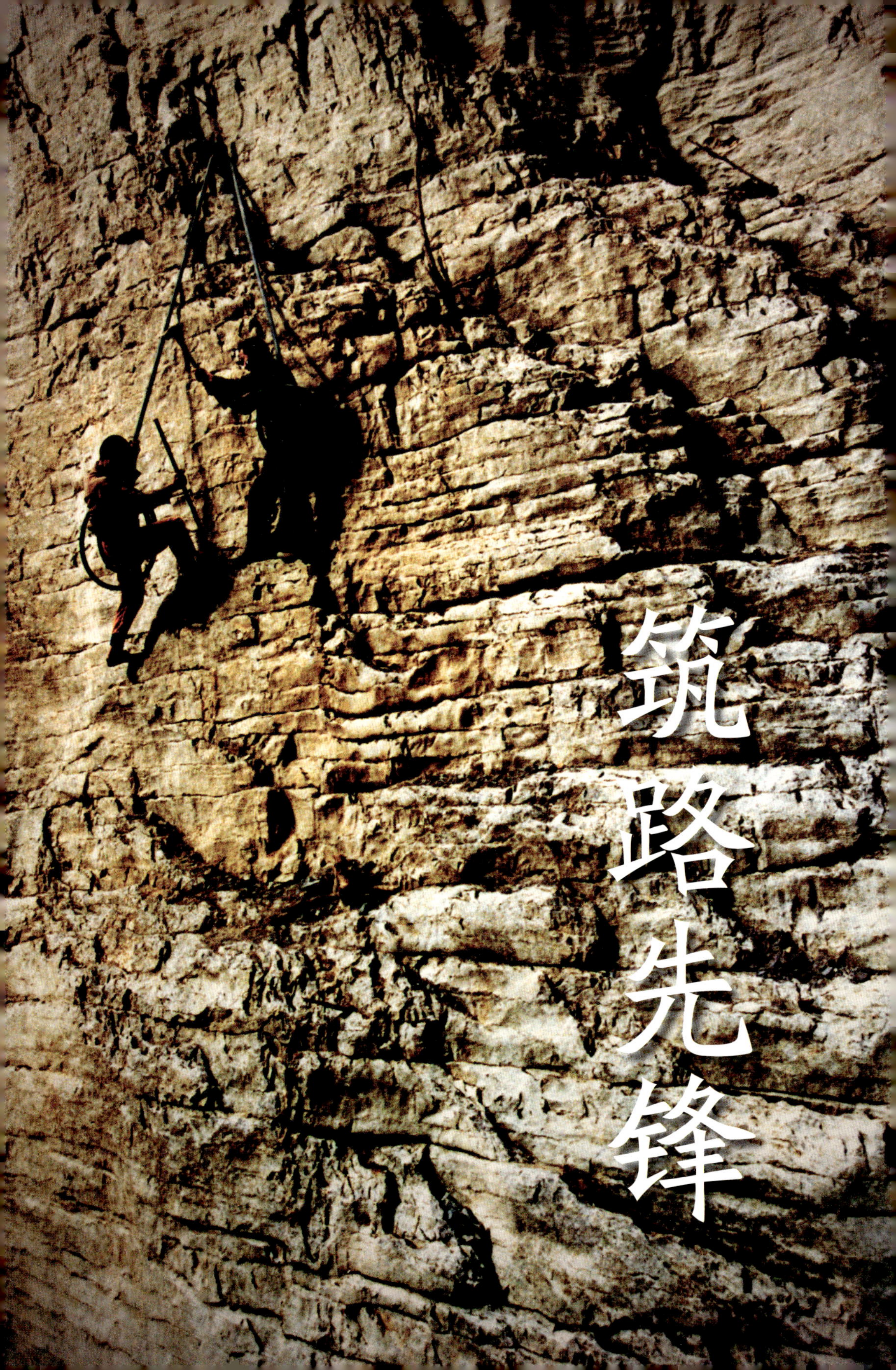

筑路先锋

为人民谋幸福不辛苦

口述 / 毛相林　整理 / 冯凌云

人物档案

　　毛相林，男，1959年1月生，1992年9月加入中国共产党。先后荣获"全国脱贫攻坚楷模""全国优秀共产党员""时代楷模""感动中国十大人物"等荣誉称号。曾任原下庄村民兵连长、村党支部书记、村委会主任。现任下庄村党支部书记。

　　2021年2月25日，我被授予"全国脱贫攻坚楷模"荣誉称号。我第一个上台领奖，总书记对我说："你辛苦了！"我当时激动得眼睛水都要出来了，回答了三个字："不辛苦！"我生在下庄、长在下庄，能为乡亲们做点事，是我的本分，谈什么辛苦呢？

　　来到下庄的人都问我，修路怎个难，你们哪个不搬出去？你们是不晓得，我们下庄景有多美、土有多肥！六百多亩良田、一年两季水稻和包谷，不缺吃，但就是没得出山的路，山里的东西运不出去，换不成钱，村民的日子过得紧巴巴的。如果我们走了，这么好的土地就荒废了，我们舍不得！就算我们出去了，还是要去挤占别人的地，都是靠地吃饭的农民，晓得土地的金贵，不愿给党和国家添麻烦。我们下庄人虽然穷，但志不能短！我们要开一条走出大山的路，靠自己的双手摆脱贫困！

　　决定修路时，母亲问我："毛娃子，答应老百姓的事，就没得回头路了，要一条路走到黑，你想好没得？"我说："您不要担心嘛，山凿一尺宽一尺，路修一丈长一丈，总有一天，我要把它修通！"

开始修路后，全村青壮年不分男女都上了工地。为省时间、赶进度，我们吃住都在工地上。被石头打了，轻伤简单包扎一下就继续干，重伤治个三五天又上工地。52岁的张国香，丈夫有病不能上工地，她就上工地为我们背水煮饭；14岁的初中生向平、刘从艳周末也来帮忙搬石头，成了工地上最年轻的修路人；就连81岁的老支书黄会鸿、72岁的老党员吴昌汉，也在村里帮着带小孩，放牛羊，掰包谷……村里的每个人，都为了这条路，拼了命地干！有他们，我觉得浑身是劲，没得啥子能够难倒我们！

1997年，我们一直干到腊月二十七。那天下大雪，早上一起来，外面白茫茫一片，村民们卷起铺盖，扛着工具，满头雪花，眼巴巴地看着我。我是真的心疼他们啊！为了早日修通公路，让下一代人不再受穷受苦，他们就算再苦再累，也从未抱怨过埋怨过，也从未放弃！当时就想，哪个也应该让大家回家过个年吧！我鼻子一酸，大吼一声："收工！回家过年！"

为了修路，村民们都是把脑壳拴在裤腰带上的，我也遇了两次险。一次在山洞里填炸药，突然一网石头垮下来，把洞口封死了，大家把我刨出来；还有一次，路基垮了，我跑得快，躲过一劫。我的命是捡回来了，但沈庆富、黄会元两个年轻人却在修路过程中牺牲了，这一直让我愧疚，但他们家中的老人从始至终，没埋怨过我一句。

现在，大家都问我，修路这么难，你哪个从没退缩过？可我心里明白，我有楞个信任我的老百姓，怎么能退？就是拼了老命，我也要把这条路修通！

我们的事迹感动了党委政府，也感动了很多外面的人。重庆市交通局、巫山县农业局给我们拨付了物资采购费，县委县政府又将下庄路纳入了全县重点工程建设，各界人士还给我们捐献物资款，这让我们本来计划20年修通的路，只用了7年！

还有人问，你修路的最大感受是什么？我最想说，没得老百姓，这条路修不出来！没得党和政府的帮助，这条路修不出来！我们农村党员干部，只要同老百姓心往一处想，劲儿往一处使，心中有盼头，那是再苦也甜啊！

路通了，要让老百姓过上好日子，还要有产业。我想：难道发展产业比修个路还难？我就不信这个邪！但没想到，种大木漆，遭热死了；养蚕子，又遭病死了；喂山羊，行情又不好。村民都埋怨我瞎搞，我是觉睡不着、饭吃不香，心头硬是不好过啊！

毛相林与老支书黄会鸿商量修路事宜

毛相林身先士卒，带头修路

母亲说："修路的干劲儿要有，但不能蛮干！"老人的话点醒了我，村民大会上，我真诚地向乡亲们道歉检讨，说自己没讲科学，有点蛮干了，希望大家原谅我。

我请来专家"把脉"，说下庄适合种柑橘、西瓜、桃子、脆李。我先在自己的承包地试种，成功后就动员村民一起种。乡亲们真的好啊，他们再次信任了我，又跟着种下了瓜果。

现在，全村有650亩柑橘、200亩西瓜、100亩桃子、100亩脆李。2015年，下庄村靠种植业在全县率先实现了整村脱贫！县里又出钱硬化、升级了天路，收购柑橘的汽车开到了果园。2020年，20万斤柑橘卖了50多万块，全村人均纯收入达到13000块。

2022年，中共巫山县委党校下庄校区正式揭牌，下庄村成了"全县党员干部教育基地"，下庄人事迹陈列室已建成，天路观景台也已建好，原来的土坯房改造成了乡村民宿，下庄古道正在打造，连接下庄的旅游环线正在建设。很多年轻人陆续回村创业，下庄农文旅融合发展也起步了。

有人问我，"下庄精神"究竟是啥？我没得文化，总结不出来。但下庄人就是不服输，不服穷，我们不等不靠，自己的事情自己干，自己的幸福自己争！

全国脱贫攻坚总结表彰大会结束后，总书记从我身旁路过，微笑着对我说："加油干，把下庄建设好，发展好！"合影时，我又坐在了总书记和总理中间。这是我这辈子最幸福的时刻，这也是下庄乡亲们的光荣、巫山的光荣、重庆的光荣，是全国千千万万农村基层党员干部的光荣！

我六十多岁了。我要牢记总书记的叮嘱，和村里的知识青年一起，带领群众继续发扬艰苦奋斗的精神，为了乡村振兴、为了美好生活，加油干！欢迎大家到下庄作客，看看我们美丽的乡村。

和下庄人在悬崖上并肩作战的日子

口述/方四财　整理/刘伟

人物档案

　　方四财，男，1971年4月生，曾任竹贤乡下庄村驻村干部。现任巫山县江南市级自然保护区管理中心副主任。

　　1995年，我从西昌学院农业科学学院毕业，被分配到竹贤乡任农经干部。同年，派往下庄驻村。我从小在山里长大，但第一次去下庄时，还是吓了一跳。下庄就像一口井，从村口向下的路，一边是悬崖绝壁，一边是万丈深渊。我是抓着路边的树枝和藤条，一步一步、胆战心惊地下到村底的。

　　那时下庄全村96户390多人，没到过县城的有100多人，没看过电视的有300多人，从悬崖上曾摔死过23人，摔伤摔残70多人！到下庄的第二天，老毛（村支书毛相林）就带我去看望了78岁的老支书黄会鸿。老支书曾三次带领村民修路，但都没有成功。见到我来，他十分高兴，拍着我的肩膀说："小方同志，我们村像个锅底坑，穷得不得了，必须整条公路。毛相林劲头足，你又是下庄来的第一个大学生，要帮他！"这是我第一次感受到下庄人修路的迫切愿望，第一次听到有人评价老毛。慢慢地，我对老毛也有了认识：个头不高，嗓门很大；力气不大，干劲很足。

　　在老毛的帮助下，没多久，我就融入了下庄村，村里每家每户都给我准备了一张床、一个碗、一双筷子，而我在乡上的寝室，也成了村民辗转进城的小旅馆。

　　1997年农历七月，当时任村支书的毛相林，从县委举办的村干部培训班学习回来，一进村就找到我，说他要修路，就算用手抠，也要在悬崖上抠出一条路来！没有路，下庄人就永远摆脱不了贫困！那份豁出去的决心，至今都让我难忘。

可要在悬崖绝壁上修路，谈何容易？没有立项、没有资金，加之以前修路都没有成功，老百姓也没有太大的积极性了。有的村民还开玩笑说："祖祖辈辈都想修路，但梦里修了千条路，爬山还得靠几根藤。"

老毛明白"人心齐、泰山移"的道理。他对我说："农村人简单，村看村、户看户，群众看党员、党员看干部。只要我们横下一条心，这事就能干成！"他组织开党员会、干部会统一思想，又专门召开干部家属会，打消干部的后顾之忧。在老毛的带领下，党员、干部们挨家挨户上门做工作，反反复复和村民打嘴仗算细账。老百姓的态度逐渐有了转变，很快，大家便下定决心：与其坐井观天，不如问天要路！全村按人头筹集了3960块作为第一笔修路资金。在开工大会上，村民们焚香立誓：誓死修通下庄路！

1997年冬，下庄人在鱼儿溪炸响了开山的第一炮！向困了下庄人上百年的大山宣战！

为了测路，老毛总是拿着镰刀冲在前面清障，他说他个头小，钻刺笼方便。遇到放炮，他总是第一个拿着两三丈长的竹竿，先去戳一戳那些悬着的可能要命的石头。工程最紧张的时候，12个工地同时施工，为了安全，他总是一个一个地检查，有时还要捆着红绳，吊到悬崖下面去查看。我和他一起去工地，遇到险要关口，他总说，老方，你让我先过去，我好拽你一把！

他事事冲在前，时时打头阵。他心里比谁都明白，只有他带头上、群众才会跟着干！我们也像亲兄弟一样在下庄公路上相伴而行。

1998年夏天，我和他进城买炸药，他舍不得住旅馆，让我一个人住，他去妹妹家挤一晚。第二天，我见他满脸红疙瘩，问他怎么了，他打趣地说："妹妹家来了客，我睡的仓库，那些蚊子见我小，想把我抬走。"说完他笑了，可我心里很不是滋味。

为了修路，村上的钱，他总是能省就省；可家里的钱，他总是能给就给。1998年腊月，雷管炸药导火线没有了，集资的钱又用完了，眼看就要停工了。我当时兼任农合基金会主任，老毛拿着他家房产证找到我，想抵押贷款，还叮嘱我不要让他家里人知道。那时，老毛父亲已去世，妻子又多病，女儿双眼残疾，儿子还在读小学，一家人的农活全靠老母亲。从修路开始，他就用了老母亲700多块养老钱，又为了买物资垫上了妹妹放在他家里的3000

方四财带领村民攀爬悬崖测线路

块，还以个人名义在信用社贷款10000多块，有时他身上连十块钱都摸不出来，家里也就只剩下老屋了。为了修路，他真的是拼尽了全家的老底啊！

为了修路，老毛的意志坚强如下庄的山岩。可再坚强，他也有最害怕的事，他怕村民受伤，更怕村民丢了性命。村民们每天平安完成任务就是他最高兴的事。但是，尽管格外小心，但意外还是发生了。1999年8月，26岁的沈庆富被垮塌的巨石砸中；此事后不到两个月，36岁的黄会元又掉下了300多米的深沟。那天，老毛下到悬崖底，蹲在地上，用被子慢慢裹起黄会元残缺的身体，大颗大颗的泪水止不住地滴在石头上。他很愧疚，这个年轻人是他写信叫回来的！那天，老毛第一次产生了动摇：这路，他不想修了。可没想到，黄会元72岁的老父亲黄益坤在儿子的灵堂前主动站出来说："希望大家再努力一把，把公路修通了，就摆脱贫困了……"

我至今都忘不了那个场景，老毛含泪喊道："同意继续修路的，举手！"男女老少高高举起了手臂。这一举，举出了下庄人对脱贫的强烈愿望，更举出了下庄人对毛相林的重托和期盼！

2002年，我调离竹贤乡，但和老毛在悬崖上并肩战斗的经历让我终生难忘！他和下庄人不甘落后、不等不靠、不畏艰险、不怕牺牲的精神，像一面旗帜，一直激励着我。20多年过去了，下庄彻底改变了。从打通出山路到打赢脱贫攻坚战，下庄的故事让我深刻认识到，农村大发展，要靠领头雁；乡村要振兴，要有好班长！

当妈的带头支持他

口述 / 杨自芝　整理 / 冯凌云

人物档案

　　杨自芝，女，1937年7月生，1960年加入中国共产党。曾任原下庄村农协会主任、妇女主任。

　　我嫁到下庄的时候，人户很少，好多地方都是荒起的。一些山外的人看重下庄柴方水便，田好地肥，就大老远地搬到这里，开荒种地，破土建房。那个年代外面都差吃的，但下庄比外面好些，只要人勤快，吃的还是挣得到。

杨自芝背猪草回家，指着大山方向感叹修路艰辛

我性格直爽，与左右邻舍都合得来。当了一届农协会主任，1960年加入中国共产党，后来又当村妇女主任，直到1989年老伴生病，家里的事情牵扯精力多，我才辞了职。

我作为村干部经历了土地改革、"大集体"、承包到户等好多大事。那个时候的干部既负责又正直，不管搞什么，干部先带头。如果遇上搞运动或收款项，我们好多天都不回家，不光是在本村搞工作，还被拉到其他地方，绝对服从组织安排，不讲半点价。群众也信任我们，村里安排做事大家一起干，一个村就像一个大家庭，很和气、很齐心。

别看下庄地方偏远，下庄人的思想和干劲却不落后。"大集体"的时候，就建了下庄电站，修了红岩大堰，得到县上的通报表扬，说我们自力更生，不等不靠，有种不怕吃苦的精神。这确实是下庄人的特点，做事舍得干，劲头足，只要看准的事就一条道走到底。

比如修路，大家当时都想过，但都不敢排头。那个时候乡公路都没通，怎么可能修村公路呢？后来几任村干部都发动过，甚至还修过一截土路，因为缺爆破物资，工程难度大，一直没有修起来。

大家一直在心里想着，都盼着把路修通。1997年，我的儿子毛相林接任村支书。有一天，他跟我说想修路。我以为是在村里修人行便道，就随口说，早就应该修了，可他却说是修公路，当时就把我吓了一跳。我说，娃娃呀，山上全是板岩，爬都爬不上去，怎么修啊？毛相林皱起眉头说，修路不能再等了，修一截算一截，就算我们这辈人修不通，下辈人接着修。我知道儿子的脾气，他偏得很，想干的事九头牛都拉不回来。看到儿子下定决心修这条路，我这个当妈的只得支持他，何况自己也当过村干部，更不能拖儿子的后腿。当时我就给毛相林说，修路是好事，我支持，但要把群众组织好，把安全管理好，尽力量修，急不得，不能一口气吃个胖子。

没几天，村里开群众大会动员修路，我也参加了。对修路这件事大家都赞同，但说起投钱大家就有些顾虑了。那时候都困难，特别是人口多的家庭，要拿出几十上百块钱真的很不容易。我是老党员，又是毛相林的母亲，在投钱修路这个节骨眼上，肯定要站出来。那几年，两个女儿在外务工，每年都给我拿点养老钱，让我买糖吃，一直没舍得用。看到修路急需用钱，我就把存在箱子里的700块钱拿出来交给了毛相林，表明我对修路的支持。

看到我把养老钱都拿出来了，大家都没得话说，一起投钱修路。我还是担心，那点钱"做盐都不咸"。怎么办呢，毛相林他们还是壮起胆子修。下庄人齐心，说修就修，有的家庭中男人生病，女人就顶上来。我也是女人，理解她们的苦心，为的是多出一把力早点把路修通。年轻的时候，我也参加过修大堰。那个时候，娃娃们都还小，丈夫又有病，只好我去顶替。修公路比修大堰难得多，一般的男人都吃不消，何况女人。每次他们放假回来，我都要和修路的妇女说说话，问问情况。从她们口中，我没有听到抱怨的话，都觉得修路是大家的事，都要出力。

开始修路的时候，我就和儿子毛相林说，让他安心修路，家里交给我，不让他有后顾之忧。那个时候我都60几了，但身体还不错，背、挑等活儿都可以做。家里有十几亩地，我就和儿媳妇一起勤耙苦种。到了抢种抢收的季节，就和别人转工，帮别个忙完后，别人又帮我做。每次工地上放假，还要为毛相林准备粮食，像挂面、包谷面、油、洋芋、红苕之类的，为他们搞好后勤保障。

我在屋里种田带娃娃，每天擦黑收工后，我的心才放得下，担心工地上出事。一天下午，我听说沈庆富在工地上出事了，吓得连话都说不出来，赶忙往沈庆富家里跑，帮忙处理后事。当天晚上，毛相林和乡村干部都回到村里，个个脸上都愁兮兮的。我当时没和毛相林说话，我知道他心里的悲痛，发生这么大的事，他是领头的，怎么不着急呀！一连好几天，毛相林都没回过神来，也不说话。看到他这个样子，我心里急呀，就劝他把群众发动好，路还是要修。哪晓得只过了一个多月，工地上又出事了。

接连两次事故对毛相林的打击很大，他跟我说不想修了。我了解他的性格，不到万不得已不得松劲，他承受的压力太大了，这样下去肯定扛不住。我就说，修路的事暂时放一放，把群众的工作做好，修与不修都要给群众一个交代，修到这个地步了不是你一个人说了算，要尊重群众，相信群众。

果不其然，哪怕工地上出了几回事，大部分群众还是同意继续修。就这样，毛相林又带着群众上工地，后来在政府的支持下，总算把路修通了。说实话，这条路修了7年，我也担心了7年。我这个人比较坚强，从不轻易掉眼泪。但在修路期间，我不晓得哭过好多次，为毛相林担心、着急。有时候还要在毛相林面前装笑脸，不能让他为家里担心。我经常对毛相林开玩笑说，你们要早点把路修通，要让我要看到通路的那一天。

路通了，下庄就渐渐好起来了。前几年，县上要在下庄建陈列室，要把下庄人修路的故事展示出来，这当然是好事。征地的时候，我二话没说就把地让出来了。县上的领导说我讲党性，在群众中起了很好的带头作用。我当时没想那么多，就觉得应该支持政府搞建设，再说我是毛相林的母亲，又是老党员，更应该带这个头。

2021年，毛相林获得了"全国脱贫攻坚楷模"称号，习近平总书记亲自为他颁奖。我的天，这个荣誉不得了啊。我就给毛相林说，荣誉不是你一个人的，是下庄村的，说话做事要沉稳，莫飘！

我从嫁到下庄就盼着这条路通，现在不仅路通了，还种上了柑橘，开起了民宿，吃上了旅游饭。我儿子领头修通这条路，我也感到光荣。

鼎力打通群众心里路

口述/杨元鼎　整理/尹君

筑路先锋 —— 013

人物档案

　　杨元鼎，男，1962年5月生。曾任原下庄村支书、会计、计生主任。现经营三合院农家乐。

　　1979年9月，17岁的我当上了下庄村的村会计。那时我身体很强壮，工作热情也很高，常常白天忙完地里的活，晚上又熬夜整理账务、装订账页，不时又接到通知去乡政府开会和记账。我的工作表现总是能得到村里和乡里的表扬。

　　1997年4月，毛相林从县委党校参加培训班回来，心中便涌出要干一番大事业的强大愿望——修路。

　　修路必先测路。一天，毛相林找到我，说村里无法请专业的路线勘测员，只请到了曾经干过一段时间勘测工作的"土专家"老邓来为我们村勘测路线，并说他已到骡坪镇了，让我负责把他接过来。

　　我欣然接受了任务。下庄村到骡坪镇有60多里路。要晚上月亮升到山头两丈高的时候，才能走到骡坪镇。在旅馆昏暗的灯光下，我见到了老邓。老邓叫邓顺权，巫山县月池乡（现三溪乡）人，五十四五岁的样子。

　　第二天天不亮，我和老邓就踏上了回下庄的路。一路上，想着通路的情景，别提有多高兴。

　　刚开始，勘测工作很顺利。在私钱洞下方勘测时，由于山高林密，山间小道陡峭崎岖，老邓便爬上对面鸡冠梁最高的山崖上，用麻绳将自己拴在一

时任村会计的杨元鼎（右一）与老支书黄会鸿、支书毛相林、驻村干部方四财现场勘测线路

棵粗大的松树上，靠目测绘制了线路图。

后来，当线路勘测到杨自天家门口时，他老婆罗先芝热情地和我们打起了招呼。后来听说要占用他们家三分多地，我要叫婶婶的罗先芝态度来了个一百八十度的大转弯，死活不让占她家的地修路，补再多的钱都不行，除非修路的人从她身上碾过去。

村里的干部多次上她家做工作，均不见成效。一天，毛支书找到我，说："老鼎，这回看你的了。"

记得那天，风刮得很小，四周的田地里垫着薄薄一层雪，太阳照在上面，有一种融融的暖意。吃过午饭，我便去找杨自天，婶婶罗先芝正好不在家。

见到我，杨自天有些不好意思地和我打了个招呼。我对他说："您到底是什么意思？是不是铁了心地要和村里对着干？我们是自家人，一笔难写两个'杨'字，修路是大势所趋，再说了，路修通了，不光方便了别人，也方便了自己。路就从你家门前过，这样的好事，别人想都想不到，你们怎么就想不明白呢！"

听完我的话，杨自天自知理亏，便对我说："并不是舍不得那几分地，而是担心修路破坏了风水，特别是你婶婶，思想保守，生怕别人动了门前的风水。"

"你们两个真是糊涂了！"我大声地对他说，"只有路修通了，才是最好的风水！"

过了好一阵子，杨自天才抬起头对我说："话都说到这份上了，还说什么呢，该怎么测就怎么测，我们绝不无理取闹了，你婶婶的工作我来做。"

没两天，老邓就完成了杨自天门前那段路的测量。

当时是按人头将修路任务划分到各小组，小组再分摊到户，有工的出工，无工的出钱。1998年7月，开工刚好半年，杨元吉便带着全家人到巫山县城做生意去了，分配给他的任务就搁置了。群众很有意见，说什么的都有，修路的热情也受到影响。村里多次带信，要求他要么出工，要么出钱，杨元吉总是找各种理由拒绝。

杨元吉"打死不照面""油盐不进"，很让人气愤。这次，我主动请缨去县城做他的工作。

进了县城，我连方向都搞不清楚，走了好多地方，打听了好多人，才在县医院和公安局之间找到了"夜市一条街"。晚上九点多钟，街上人声鼎沸、灯火通明。我在人潮中边走边看，在边缘处一个摊位上，终于看到了杨元吉。我并没急着上前找他，一直坐在一棵梧桐树下等。我不想此时去打扰他的生意，下庄人生活本来就难，在外能打拼出一块属于自己的天地更难。

吃夜宵的人终于走得差不多了，杨元吉倒垃圾时陡然看到了我。他很吃惊，上前紧紧握着我的手，高兴又有些尴尬地说："你怎么来了？也不提前打个招呼，我好去接你，还没吃饭吧？马上安排起。"

看着又黑又瘦的杨元吉，想来摆摊的生意也是辛苦至极。先前在心中酝酿了无数遍要骂他的话，此时竟开不了口，但使命使然，有些话又不得不说。于是我向他讲了修路出工或出钱的事。

杨元吉听后，扑扑啦啦地讲了一大堆诸如娃娃还小、夜市挣不了多少钱、妻子身体有病等客观原因，拒绝出工或出钱。

我一听，火气一下就蹿了上来，也不管夜市上还有很多人，大声对杨元吉说道："你听好了，不管是出工还是出钱，于公、于私你必须选一个。于公，是大势所趋；于私，我们杨家在下庄是大姓，别丢了杨氏家族的脸。你不把修路的事说清楚，我是不会走的。"

我语气一硬，他态度就有所转变，赔着笑脸说："现在下庄是个穷得连兔子都不拉屎的地方，我打算在外面还挣几年钱，再在城里买一套房，就不回下庄了，能不能通融一下，我们还是一家人呢。"

"你还知道我们是一家人，现在你人虽然不在下庄，但户口还在下庄，如果像你这种情况的人都像你这种做法，我们的路猴年马月才能修通？"我有些激动，又大声对杨元吉说："现在国家政策这么好，路修通了，下庄便是世外桃源，到时你想回去还不一定能回得去呢。"

那夜快一点钟了，杨元吉送走了最后一位客人后，亲自上灶炒了几个小菜。几杯酒下肚后，杨元吉说："我想清楚了，我是杨家人，更是下庄人，修路得有我一份，不然我以后不好向后人交代，虽然我出不了工，钱一定是要出的，是多少，你说了作数，保证不差一分钱。"

杨元吉一番话说得我眼眶都有些湿润了，我们频频举杯，一向酒量很大的我，那夜半斤酒没喝完，就已经醉得人事不醒。

2004年4月12日，是我永生难忘的日子，我们经历了七年艰苦卓绝的奋斗，终于在绝壁上凿通一条下庄与外界连通的八公里"天路"。

路通了，"活水"就来了。2010年9月，我辞去村干部职务，远去广东打工，2018年回到下庄，翻新了老屋，经营起了下庄村第一家农家乐。随着下庄的发展，游客也多了起来，小小的农家乐里常常打着拥堂（意为挤得挪不动脚）。2019年5月，我向县农业银行申请了10万块贷款，与袁堂清、杨亨双两家合建了一栋马蹄形的三层小楼，取名"三合院"，现在的生意更是好得不得了。

经过近三年的苦心经营，我还清了银行贷款，还积累了一定数额的存款，越干越起劲儿。现在，随着乡村振兴战略的深入实施，下庄人更有奔头了。县农行在"三合院"安置了一台"金穗惠农通"金融服务设备，不仅方便了村民存取款、缴纳电费、电话费等，还可以线上营销一些土特产，让广大村民足不出村，便可享受到安全便捷的金融服务。我们两口子每月还有一笔银行收入，真是锦上添花。

圆了父辈修路梦

口述 / 黄玉高　整理 / 冯凌云

人物档案

　　黄玉高，男，1958年1月生，1986年6月加入中国共产党。曾任原下庄村党支部书记。

　　我父亲黄会鸿当过村支书，算是一个有眼光的人，曾送我和大哥去当兵。大哥当兵转业到成都工作，我从1978年便在甘肃兰州当兵，在部队锻炼了几年，最后还是回到下庄老家。

　　回到下庄后，我就娶妻生子。那个年代全靠种地为生，每天起早贪黑，也只能维持生活。没事的时候总想起曾经部队的生活，想起如今天南地北的战友。我给几位战友写过几次信，想通过战友找挣钱的门路。不晓得是战友的地址发生了变化，还是把信搞丢了，一直都没联系上。

　　1990年，我在别人的介绍下去成都务工，收入还不错。下庄村其他青壮年大部分也在外务工，村中基本上都是小孩、老人和妇女，每到过年的时候，青壮年才回到家，过完年又出远门务工。

　　1997年，家里带信，要我们赶回来修公路。我当时以为是到别的村修公路，得知是修下庄村的公路时，我还有点激动。我记得父亲当村支书的时候就提议修公路，因条件不具备没搞成。现在修路的任务落在我们头上，就觉得有一股劲儿，有一种责任。也有的人想在外面多挣几年钱，再回去修路。我就跟他们说，外面的钱挣不完，村里的路要早点修，不为我们，也要为下一辈把路修通。老乡们觉得有道理，就横下一条心赶了回来。

干部、村民齐坐院坝，积极商讨修路事宜

　　修路需要爆破物资，我们就家家户户投钱。那时候都困难，要拿出一笔钱修路真不容易，我们想方设法一点一点儿凑，有的甚至拿出吃盐的钱。说实话，按照当时的经济条件和劳动力，要把路修通至少需要20年。为什么又要修呢？因为群众有修路的意愿。下庄人住得偏远，但不缺乏干劲。"大集体"的时候，大家肩挑背磨把下庄电站和红岩大堰修好了，怎么不攒劲把公路修起呢？何况邻近的阮村也在修公路，群众的积极性一下子就被调动起来了，我们心里憋足了这口气，想千方设百计也要把路修通。

　　我们修路很齐心，像在农业社一样，男的女的老的少的都上工地，最多的时候有百多号人。年轻的壮劳力凿炮眼、点炮、砸石头，年龄大一点的除渣子、铺石子、编撮箕，妇女就背水煮饭，按组分配任务，村干部包片，组长具体负责每个片区的任务。我那个时候不是村干部。村支书毛相林和我从小一块长大，关系不错，他经常和我一起讨论修路的事，我性格直爽，有什么说什么，给村里提了一些建议，比如保管物资、记账、划段分任务等。村干部也听取了我的建议，做了一些改进。第一次搞这么大的工程都没经验，走了一些弯路很正常，但大家修路的劲儿没松，即使是到了大冬天，大雪封山，我们也在山上修路，晚上住岩洞、住棚子，大家都没有怨言，就觉得修路是每家每户的任务，不能耽搁。

当我们在悬崖上一点一点往前"抠"路的时候，工地上发生了安全事故，先是沈庆富，接着又是黄会元。虽然出了几次事故，但大家还是心往一处想，劲儿往一处使，仍然坚持。

2002年，我接过村支书的接力棒。公路已经修到羊角垴，大部分岩山被攻下来了。县领导多次来现场察看，表扬我们下庄人吃苦耐劳，自力更生。有了县里的支持，我们的劲头更足了，又从羊角垴开始了新一轮的修路大攻坚。

记得在王先进家里召开群众大会的时候，一位村民当着我说，"剩下的还有4公里，哪怕县上给了点钱，这条路喊天也修不通"。他说的不是没有道理，因为当时村里外出务工的多，劳动力少，再加上剩下的路段全是山坡，有的地方还有岩山，难度非常大。这些因素我都考虑过，就在群众会上说："悬崖路段都啃过来了，我们付出了很多，现在路越来越近了，不能松劲，再难也要修通！"我在会上一动员，下面的群众都回应说："要得，接着往下修！"

越到最后越艰难。我们还是按组划分任务，有的组外出务工的多，人员不齐整，就每天晚上开会统计情况，合理调配人员。人力实在不够的时候，就只好在外面找人。那时候，湖北到下庄修路的人多，他们大部分住在组长家里，既提供饭又提供住宿，组长都没收一分钱，为的是早点把路修通。

修到最后的时候，问题又来了：路修到家门口的时候要占地。土地是农民的命根子，那是吃饭的本钱，哪个都不愿被占地，当时村里也拿不出钱来补偿。没办法，我们只好给被占地的农户做工作。有的碍于亲戚或朋友关系，同意让地；也有的不同意让地，我们就一趟接一趟地上门动员；实在不行，又通过其他人劝说，最终还是把工作做通了。让我感动的是，毛相林卸任村支书那段时间，仍然和我们一起参与修路，没有耽搁一天。修路占地的时候，他私下做了很多工作，说服他的亲戚让地。我一直觉得毛相林是个正直的人，没有私心，有干劲，有魄力，这条路如果不是他领头，不说修不通，至少要晚好多年。

剩下的这段路我们修了两年多，直到2004年才全面贯通。不管任何时候提起这条路，我可以自豪地说，我为这条路操过心，出过力，流过汗。

2005年，原下庄村与两合村合并成为新的下庄村，我没再担任村支书，也没再出门务工。前些年，村里开始种植柑橘，我把田全部拿了出来，种了六亩，最多的一年卖了10000多块。2021年，村里引进了一家农业公司，把村里的柑橘全部托管，我们按比例分成，还有保底收入，这就等于给我们的收入上了保险。虽然把柑橘交出去了，我还是会每天到柑橘地里转一转，看一下柑橘的长势。公司经营得不错，2022年旱情严重，公司就从山上引水，采取滴灌的方式给柑橘灌溉。这要是一般的农户怎么搞得起，只得望天收，受灾会更严重，交给公司我们就放心了。

现在，我的一个儿子在成都务工，另一个儿子在下庄开观光车，我和老伴住在下庄，村里的建设项目多，我就和左右邻舍的在工地上做点小工，每天早出晚归，就像过去修路一样，大家在一起有说有笑，心里有股劲儿，觉得很踏实。

没资格怕死

口述 / 杨亨双　整理 / 徐永泉

人物档案

杨亨双，男，1968年7月生。曾任原下庄村村委会主任。

当年修路，我真的想到过很可能会死，只不过，真的不怕死。也许是怕也没有用吧；要是作为村委会主任还前怕狼后怕虎，别人会怎么想？还怎么带领大家修路呢？这样想着，就觉得不应该怕。只是，有时到了睡觉的时候，心里还想着今天又活着过来了。

修建"下庄天路"，山体随时有垮塌的危险。1999年的一天，太阳刚落山，突然从山上滑下一堆石块，年仅26岁的沈庆富被卷下了悬崖。紧随其后的村民易美金发现，只是一眨眼的工夫就再也见不到沈庆富的人影，知道出了大事，当时就吓哑了口，脸色苍白。

出了这么大的事，我赶紧到竹贤乡政府去报信。我从工地出发，一路小跑，顺着山势沿羊肠小道往上爬，好不容易到了猫子垭竹贤乡政府。报了信，晚上又从乡政府往回走，走老路，经罗家沟、万龙池、岩口子、三块石、二磴子、一磴子……回到家时，已到半夜，妻子早睡了，但屋里却亮着灯。

妻子素来是个节约的人，她怎么舍得人睡了还把灯亮着呢？正疑惑不解时，我一下明白了，今天工地上死了人，一个女人家在屋里，怕，所以亮着灯睡。我这才意识到，我到乡政府去报信，又从乡政府回来，也是一个人，走的是深山沟谷。不仅是一个人，还是漆黑的夜晚，还要从离出事不远

杨亨双（右二）和工友一起奋力将石头推下悬崖

的大山悬崖上经过，我怎么没觉得怕呢？因为我是村委会主任，有责任在身。年纪轻轻的沈庆富为了修路连宝贵的生命都失去了，我还有什么资格害怕呢？

沈庆富出事时，太阳已经落山。村民们从工地绕道下山到沈庆富滚落的万丈深谷，起码要走三个小时。深山沟谷，黑灯瞎火，出事当晚无法找到尸体。第二天一早，村里组织村民才含泪找到。

现在想来，那时我之所以不怕死，还有一个重要的原因，那就是从记事起，我家劳力奇缺、十分贫困，过惯了苦日子，对什么都已无所畏惧。

母亲从小是残疾，父亲一直有齁咳病。我们一共五兄妹，四个兄弟、一个妹妹。都还很小的时候，家里没有整劳力，我们家年年是"倒找户"，队上分的粮食基本上都不够吃。考虑到我们家的具体情况，在我十一二岁的时候，队上允许我们家在队里集体农田岩坎下的小下庄开荒种庄稼，收成全部算我们家的。我们就砍了几棵柏树，做了两架长长的梯子绑在一起，两架梯子加起来，一共有70多步，作为通往小下庄的路。我是四个兄弟中的老大，当时的老二也可以干打窝子、丢洋芋种等活了。于是我、老二、父亲，还有残疾的母亲，艰难地到小下庄开荒种地。

小下庄开出的田，土质差，只能望天收。坡度大得说出来简直没人相信，连块烧火土的小坪坪都找不到。只好在坡上打桩子、搁木棒，再在木棒上铺一层树枝，最后在上面铺一层土，造出一个坪坪烧火土。辛辛苦苦在小下庄开荒种地，终于全家人都能吃饱饭了。过了三四年，土地就包产到户了。

下庄修公路是村民自发的，各家各户都必须尽义务。如果有特殊原因，家中实在没有劳力，也可以出钱请人修。有的家庭，家中男人去世了，或因重病实在不能出工，家里的年轻妇女，也丝毫不输志气，一个个主动要求同男人一样上山修路。

"我家男人的事，我做！"她们是这样说的，也是这样做的。她们跟男人一样干在山上，吃在山上，住在山上。和我一个工段修路的陶忠翠、王先翠等妇女，在工地上干劲冲天，有使不完的劲。抬石头、砌大坎、系红绳、拆哑炮等最繁重、最危险的活干不了，但刨渣、上渣、挑渣，甚至掌钢钎、打锤之类带有技术性的活，她们都干。男人常常累得脚耙手软，休息吃烟，几个女的还舍不得停下，连忙跑到工地附近的偏岩洞，脚不停手不住地收拾，做饭，让所有的人都能按时吃上热气腾腾的饭菜。

当年修路吃住在山上，比较缺水，有时两三天才能洗上一次脸。我们班组多亏了陶忠翠等几个女村民，稍一有空，就上山扒开灌木丛，揪着枯藤，冒着危险四处找水，保证了大家一日三餐和洗脸洗脚不缺水。

虽然大家苦一些、累一些，虽然吃住在悬崖上，但同样有家一样的温馨。而这，都是这些女村民带给大家的。我发自内心地佩服她们——不光竭尽全力为公路修建作出了奉献，更以自身的行动感染了大家，激励了大家！

黄家两兄弟

口述 / 王厚芝　整理 / 徐永泉

人物档案

王厚芝，女，1956年11月生。原下庄村村委会主任黄会生的妻子。

我家男人黄会生，在过去下庄修路时期，当过几年村委会主任，他的幺兄弟黄会元为修路英勇献身。

作为村干部，那时老黄（黄会生）不光和支书领头修路，还负责管材料。他白天带着大家修路，跟大家一起打炮眼，除渣滓，砌坎子……晚上，就和村民黄玉衡一起，睡在私钱洞旁边一个偏岩洞里守材料。有时，黄玉衡要下山背吃的，或者因为别的事情要离开，晚上就是黄会生一个人睡在那个材料棚里。半夜三更的，一个人睡在万丈悬崖上，说不怕那是假的。但他是村干部嘛，他不守，哪个守？

黄会生好几次对黄玉衡说起，他腰部疼，但因为不放心材料，所以从来没去检查过身体，连下山回屋的时候都极少，最长的时候在山上待了差不多一个月。他跟村里不少人一样，从最初的在最难、最危险的悬崖上修路，直到把毛路通到下面二组，都一直是拖起有病的身体在修，从来没有间断过。

那些年，家里有我照顾老人、种庄稼、喂牲口、带孩子，老黄一百二十个放心，家里的事一点儿都不管不顾，心思和精力全都用在了修公路上。

2004年，下庄的出山公路修通后，一次下雨发大水，冲毁了村口大沟上的公路。当时因为没有钱架桥，村里就决定在被水冲毁的公路上方建一个滚水坝，减轻流水对公路的冲力，防止再把公路冲毁。村里请技术员开着挖机建滚水坝的那几天，老黄在搬石头时，不小心砸破了自己一个脚趾，鲜血直流。他回屋简单包扎了一下，只休息了一两天又接着做，直到把公路整修好。

还记得我们幺兄弟黄会元去世那天，老黄到鱼儿溪去领"三材"物资。大概上午11点钟，王祥山连忙跑去通知他，说黄会元刚才滚到岩下去了。本来晓得肯定人没得救了，当时没直说，把老黄瞒到的。老黄一听，心里也明白，这样的悬崖峭壁，滚下去哪儿还有命在。伤心得泪流满面，不管三七二十一，不管悬崖陡坎，东一脚西一脚一路哭下去。

王祥山见情况不对，生怕再出人命，赶紧抢前几步，一把将老黄拽住。之后，几个人才绕山走小路，朝黄会元滚落的地方走去。两三个小时过去，大家走到万丈悬崖下的沟底。尸体挂在沟底上面不高的一个岩坎上。黄会元的大哥黄会平，踩上他二哥老黄的肩膀，用搭人梯的办法，才找到黄会元的尸体。

到了2006年，下庄出山的公路通车两年后，我们家所在二组的两公里多长的毛路也全通了。老黄的身体实在支持不住了，肚子疼得越来越厉害，时常把腰部撑着，一阵阵地咬着牙。在大家的劝说下，他才去医院检查。结果已是肝癌晚期，不久就病倒在床，2007年就去世了。

去世前，老黄把我和女儿喊到病床前，语气微弱地说：

"下庄的出山公路修通了，我们二组的公路也修通了，我的心愿已经达到，我……我死了，真的……真的再也没得遗憾！"

"我是眼看就要死的人了，黄会元年纪轻轻的，也为……也为修路去世了，我们父亲年老了，你和黄艳，以后……以后一定要替我和会元把老人奉养好，一定……一定要尽到孝心！"

老黄气息微弱，继续对我们说：

"黄勇还小，才11岁，你们……你们要好生照顾他，尽量……尽量让他多读书……"

我和黄艳已是满脸泪水，一边不住地点头，一边嘴里"嗯""嗯"地连声答应着。老黄刚一说完，就哑了口。虽然之后过了一两天才停止呼吸，但他再也没说一句话。

我公公黄益坤共有三个儿子、五个女儿。幺儿子黄会元修路牺牲、二儿子我家老黄也因病去世后，其余后人都很孝顺，凑钱让老人在骡坪镇租房住了好些年。

王厚芝公公黄益坤（左一）接受记者采访，希望乡亲们再添一把火，把路修通了就摆脱贫困了

按农村的规矩，由儿子给老人打赡养费。尽管幺儿子和二儿子都不在了，但赡养费还得由儿媳拿。作为二儿媳妇，我总是记到老黄生前说的话，对老人孝道，是行善，是积福。万一有什么困难，一时手头紧拿不出来，我就向打工的女儿黄艳明说，说给爷爷打赡养费差钱，她只要听我一说，很快就把钱打给了我。

我像老人的亲女儿一样，常常为老人端茶递水，细心照顾老人。老人住到骡坪镇后，我除了一分不差地给赡养费，还为老人租房子凑钱，也常到骡坪去看望老人。

我女儿黄艳早就出嫁了，现在在巫山县城带女儿读书。小儿子黄勇也还算听话、争气，读了大专，现在在重庆主城工作。

我包的片没有发生大事故

口述 / 王先锋　　整理 / 冯凌云

人物档案

王先锋，男，1963年2月生。曾任原下庄村村委会主任，村计生助理员。

我们那个年龄段的人读书，一般读到小学毕业就完事了。我算是读得多的，在骡坪中学读完了初中。初中毕业就回到家里种田，然后结婚成家。1987年，驻村干部见我上过初中，说话做事又还靠谱，就动员我参选村委会主任。当真正被选上并投入工作后，我才知道当村干部的难处，既要做公家的事，又要种自家的地。还好，我学得快，腿脚也快，无论哪家有事我都第一时间赶到，村民对我还算信得过，评价我为人正直，做事踏实。

1990年，从下庄走出去的一位老板让我跟他一起到县城做绿化工程。这是求之不得的好事，我做梦都想到外面去闯一闯，就辞去了村委会主任职务。在工地上，我从记账开始，学管理、带工人，前前后后搞了五六年，学到了很多东西，懂得一些管理方面的方式方法。老板很信任我，开了不低的工资。那个时候万元户不多，我每年差不多都有上万元的收入，家里的条件逐渐得到改善。

1997年，村里开始动员修路。哪怕我在外面能挣钱，但想起过去到骡坪读书走路的情景，想起打夜工走山路背肥料的经历，就觉得这路该修。我们这辈人吃苦遭罪不说，不能让下辈人再走我们的老路。很多像我一样在外地务工的人都回到村里支持修路。

当时村里缺一个计生助理，村支书毛相林就动员由我来担任。我想到反正是回到了村里，就听从组织安排，也算是对村里的支持。修路的时候，按组划片分任务，我在三组，同时又要承担村干部包片任务。每天几头跑，脚板走得像"锅铲儿"。那没办法，交给你的任务必须要完成。

下庄路好多地段是明晃晃的悬崖，要在悬崖上钻炮眼就更危险。我们想了很多办法。比如搭木梯，就是把梯子搭在岩山上，人站在梯子上钻炮眼。钻炮震动大，要事先把绳子固定在上方的树桩上，再拴在钻炮人的腰上，像荡秋千一样打炮眼，还要有几个大力士把梯子扶稳。一个人钻炮，需要两三个人打帮手。我们做了很多防范措施，特别是绳子要牢实。我们用老师傅搓的麻绳，这种绳子耐磨，不会断，绳子的另一头要拴在大树根上，还要拿人在上面"打望"，遇到紧急情况就扯动绳子发信号。打炮眼的危险活一般人干不了，只有胆大的年轻人才敢上。越是危险的活儿大家就越小心，反而很少出事。

沈庆富出事是个意外。他在放大炮过后施工时被上方滚下来的石头推到了山沟里。当时，我在另一个工地干活，听说后立马赶过去。天要黑了，没办法找到沈庆富的遗体，村干部就分工，一班人回村里安排后事，我和村委会主任连夜赶往乡政府汇报情况。在乡里开完会已经是下半夜了，我们就在会议室的凳子上躺了一会儿，但睡不着，满脑子都是沈庆富的画面。第二天天刚亮，我们就赶往沈庆富出事地点，把他找到后抬回家，和村干部一起为沈庆富办理后事。

后面又出了几次事故。我们在修路的时候也开会强调安全，但工地上没有什么机械设备，全靠人力，安全隐患多，有时候也防不胜防。从几次事故中我们也吸取了教训，要随时做好安全提醒，防范事故发生，不能蛮干。我在工地上的时候，一直招呼村民要排险。比如放大炮过后，要排除险情后才能上工。我们组有几个"大力士"，每次放炮后，就把绳子拴在腰杆上揪着树枝爬到岩壁上，把放炮震松的岩石撬下来，以防滑落砸伤人。

排险也很危险。有一次，王先银站在一块大石头上，刚使上劲，放炮震松的一网石头顺势滑下来，王先银被推出去三丈多远，最后撞在一棵大树下才停了下来。我们就在不远处，上面的石头来得太快，喊都没来得及喊，心想这下完了，我们连忙往出事的地方跑。还好，王先银反应快，抓住一根葛麻藤，捡回了一条命，只把腰扭了。我们都含着眼泪，担心工地再出事故。王先银却豪气地说："老天爷不收我，我也没办法！"他平常就是一个爱说爱笑的人，他的一番话把我们都逗笑了。

这就是下庄人，哪怕修路再危险，也乐观面对。修路的时候，我们喊号子，大家劲往一处使，干起来特别卖力。晚上住在工地上，就讲笑话，唱山歌，讲不来唱不来的就现编，逗得大家哈哈笑。说过笑过，疲劳也就消除了。

公路一段接一段，村干部也轮流包片负责，我总共包了五个片的任务，庆幸的是这几个片没出大事故。这与我在外面搞过管理有关。我搞绿化工程的时候，公司有安全方案、有制度和具体负责的人。我们修路虽然不可能按照公司那样一个钉子一个眼，但还是可以把安全搞得更细一些。我在每个组查看和施工的时候，事先要选好用好安全员，哪些地方有安全隐患，哪些地方需要及时排险，都要及时做出判断和安排。施工的时候，安排两个人一起，相互有个照应，哪怕施工进度慢点，也要尽量让安全得到保障。这些都是在外面公司学到的经验，然后在村里修路的时候搬过来用上了，也起了一些作用。

好多人说我会带人，会处事，修路的时候经常在我家里开群众会，驻村干部也喜欢在我家里住。后来路修通了，邻近的两合村与下庄村合并，我就没当村干部了。

2005年，我和村里几个要好的邻居到广东湛江挖沙，活路很苦，搞了两年，又到重庆主城一家建筑工地务工，工资待遇还算可以。

筑路硬汉王先锋（右一）与工友们合影

现在，儿子在县城开了两家餐厅，收入还可以。我现在年龄也不大，干得了的时候还要攒劲干，不能吃老本，也不能给儿子增加负担。看到下庄搞建设，我就和几个老伙计在工地上砌坎子，每天10小时，能挣几百块，觉得很满意，很知足。

每次站在地坝里看到汽车开进下庄，想起过去修路的日子，做梦都想不到下庄会有这么大的变化。我经常和村里的年轻人说，要记住过去修路的艰辛，更要感恩这个新时代！

追着我撵的石头

口述/杨亨均　整理/尹君

人物档案

　　杨亨均，男，1963年1月生。曾任原下庄村一社社长。

　　那时修路是以社为单位，抓阄决定修哪段，一共抓了两次阄。第一次，我们一社抓的是鱼儿溪的龙水井到私钱洞里面的万龙池，第二次是樟树沟到里头沟。一段一公里，七年时间，我们一社共修了两公里路。

　　记得1998年冬月二十那天，天阴沉着脸，在私钱洞的绝壁上，我们按规划的路线向前开凿，十多米长、两米多宽的毛路已有了雏形。炮眼打完后，我和杨亨金把炸药填好，正准备点导火索，细小的石子和泥沙顺着岩壁滚落下来，且越滚越大、越掉越多。

　　我心里一惊，不好，可能要垮山了？便对杨亨金说："先别点了，我们跑远一点。"同时，大声招呼其他人都走远一点，观察一会儿再干。听见我的喊声，大家赶紧扔掉手里的工具，急忙朝远处跑。我们前脚刚走，后脚就听到"轰隆隆"山体垮塌的声音。从山体脱落的那方巨石足有一间房子大，"砰"的一声砸在刚修的毛路上，石头和泥朝着山下几十丈深的鱼儿溪深沟滚去。巨石经过的地方，树木和杂草"唰唰"地向两边倾倒，"噼里啪啦"的树枝断裂的声音不绝于耳，好一阵子才听到"咣"的一声巨石落地的回响。

　　我们都被眼前的情景吓坏了，身上直冒冷汗，杨亨金一直拉着我的手，他身体一直在抖。

下庄村村民在天路最艰险的位置开山修路

　　我们冒着危险不分昼夜地忙碌，但也有个别人找借口开小差，出工不出力，我很气愤。开始修路后不久，我的一个远房兄弟就要请假，说要到骡坪镇上去，要耽误十来天。我说："你请假，可以，但你媳妇必须顶替你来上工。"第二天上午，太阳已升到山头一丈多高了，他媳妇才姗姗来迟，也不解释原因，还一副自命不凡的样子。我气不打一处来，但还是忍了，毕竟是一个女人家。但接连两天都是这样，她不是拈轻怕重，就是借机偷懒，一起干活的人都有了怨言。

那天下午，她干了不到半小时便又开始偷懒。我把她叫到一边大声吼道："你是顶替男人来干活的，不是请你来观赏风景的！"

"我是来观赏风景的又怎么了？一说还是自家亲戚，怎么也不照顾一下？如不是顶替我家男人来修路，你请我还不来呢。"她也是伶牙俐齿。

我说："作为社长，我要提醒你，作为亲戚，我要照顾你，但都这样搞，路还修不修？修路不是为我个人，而是为方便整个下庄村，也包括你，刚才是我不对，不该以这种态度对你。"

顺坡泼水，水哪有不流的呢？把话说透，人哪有不懂的呢？听了我的话，她沉默了。过了一会儿，她抬起头对我说："他大哥，别说了，我明白了。"

从这以后，她像换了一个人，每天第一个来到工地，什么活都抢着干，用木杠抬石头也不比男人差。看着尘土和着汗水从她的面颊流下来时，我心里酸酸的。那个时候，我们真是把"女人当男人用、把男人当牲口用"。

2000年初，我们社抓阄的是修樟树沟至里头沟这段。5月中旬的一天，我和杨亨兴在樟树沟的岩壁上打了一个直径1米、深12米的炮眼。杨亨兴在炮眼里面清理残余的碎石和渣土，一撮一撮往外送，我负责在外面接应，往悬崖外倒。当杨亨兴再一次爬进炮眼里时，好一阵子都不见出来。我有些着急，大声向里喊话，没有动静。一旁的杨亨兵也跑了过来，趴在洞口大声往里喊。但任凭我们在外面怎么喊，里面都没有回应。

我们都着急了，我和杨亨兵一前一后爬到炮眼底部查看情况，微弱的亮光从洞口透进来，只看见杨亨兴蜷缩在地上，一动不动。

于是，我趴在前面拽着杨亨兴的手慢慢向外拉，杨亨兵在后面顶住杨亨兴的屁股慢慢往外送。张泽保和杨元文也赶了过来，在众人的抬抱下，杨亨兴被慢慢安放在一块平坦的毛路上，我们一边掐他的人中，一边不停地摇动他。杨亨兴至少躺了20分钟，才慢慢睁开了眼睛。

见他醒来，在场的几个人紧紧地抱在了一起，不由自主地笑了起来，笑着笑着又一脸泪水。

2000年7月的一天黄昏，樟树沟上空阴云密布。我对杨亨兵、张祖清、张泽保、杨元文、杨亨兴和杨亨弟等人说："看样子要下大雨了，你们先走，我看一下工地就来撵你们。"听后，他们便走了。

查完工地，一声惊雷炸响，如注的暴雨倾盆而下，我扯起地上一条空水泥袋顶在头上往山下跑。跑出不远，就听见身后有石头滚动的声音，我回头一看，天啦！一个箩筐大小、圆不溜秋的石头正朝我滚过来。我赶紧往左边空地跑，说来也怪，那个石头像安装了追踪器一样，追着我就往左边越滚越快。我赶紧又往右边地势相对高一点的地方跑。真是见了鬼，那个石头又追着朝右边滚，中途被一道土坎挡了一下，石头跳起老高，"砰"的一声落地，还是朝着我碾压过来。我又急忙地往左跑，这个石头好像和我杠上了，立马调整方向又一次朝左边滚了过来，我不得不又朝右边跑。这时一棵树挡在了面前，一根手臂粗的枝丫横空斜伸着，坎下是一片包谷地，紧急关头，我纵身一跃，抓住了这棵树的枝丫。我身体还在空中晃荡时，就听到了"砰"的一声，石头从我脚下滚过，砸在坎下，绿油油的包谷林被砸倒了一大片。

见石头落地，我的心也落地了，手一松，便跌坐在地上。我站起身，回望被石头追赶的路程，粗略地算了一下，竟被那块石头活活追赶了50多米远。

下庄天路终于修通了，高兴之余，我回望自己的家，可以用四处漏风来形容。

2005年春节一过完，我便决定翻修房子，想给妻子和女儿一个温暖的家。我筹措了2400块，想拆掉老房子，再盖新房子。农历二月初八清早，我和弟弟杨亨兵开始拆房子。吃完午饭，顾不上休息，我们拿着钢钎就去撬土墙。土墙经不起撬，刚一用力，整壁土墙就垮了下来，正好砸在墙根处的弟弟身上，当场就把他砸翻在地，不省人事。

我马上请来几个人急匆匆地把弟弟送往县医院。经诊断，他不但左腿粉碎性骨折，还被砸破了尿管。无奈之下，我一边请人帮忙继续砌房子，一边四处筹钱给弟弟治伤，妻子带着女儿四处打工挣钱还账，我在医院照顾病床上的弟弟。一个月时间，仅医疗费就花了26000多块，像天文数字一样的债务压得一家人都喘不过气来。

穷归穷，绝不愁。2006年春节后，弟弟的伤情恢复得不错，能下地走动了。正月十六我就到天津的一个工地打工，后又辗转去了北京、新疆、沈阳、海南等地。妻子在家也是省吃俭用，每年喂养五头肥猪，卖四头，留一头。到2011年底，我们还清了所有欠款，终于过上了正常生活。

现在，我身体健康，能吃能喝能劳动，每年就近打一些零工，还种了两亩多柑橘。老婆依然改不了省吃俭用的习惯，每年喂养三头猪，卖一头，自己留两头。女儿嫁到庙宇镇，有了自己的房子和孩子，每天都带着外孙和我们老两口聊一会儿视频，谈到高兴处，大家都笑得合不拢嘴。

啃下鸡冠梁，修通大陡坡

口述 / 袁孝恩　整理 / 冯凌云

口述 / 袁孝恩　整理 / 冯凌云

人物档案

袁孝恩，男，1951年7月生。曾任原下庄村二社社长。

在"穷奔高山"的年代，我父亲那辈从原起阳乡袁家湾搬到下庄。下庄土质好，人口少，田里又能出货，搬到下庄其实就是想讨口饭吃。1982年，农村土地承包到户，他每天扑在田里耕种，早出晚归，收成渐渐好了起来，不再为吃饭心焦。但交通还是大问题，进村出村全靠走。我们回一趟起阳老家，要走好几天。那个时候我就想，能把公路修通就好了！

1997年，村里组织修路，我很赞成。村里划片分包，每个社修一段。我是二社社长，就当起了二社修路队长。

当时二社有80多人，劳动力只有10多人，还有几个老病号。我心里有些担心，没得几个硬劳力怎么修路啊？

抓阄分段时，我更担心，怕抓到险峻路段。别人都说说笑笑着去抓，我却磨蹭了好久。真是怕什么来什么，我抓到的是"鸡冠梁"，当时就懵了。"鸡冠梁"是整条公路最险的一段，我们社本来劳动力就少，怎么修得动？二社其他社员知道后，有的唉声叹气，抱怨运气太差；也有的笑着说，修路哪里都一样，都是啃硬骨头……

我们开始修路了，鸡冠梁全部是岩山，需要放炮的地方多，而且是大炮，最多的一次放了两吨炸药，炮一响，整个山都在抖。我们社的几个硬劳力，力气大，胆子也大，在岩上爬山像走大路。但其实，人都有怕的时候。放炮把山

社长袁孝恩（前一）与村民一起祭拜工友、祈福平安

上的石头震松了，随时都有滑落下来的危险。有时候，我们正在干活，听见垮山的声音，就要赶忙往两边跑，一大网岩石滑落下来，瞬间就升起一阵烟雾。跑到安全地带后，心还在怦怦跳，旁边的人安慰说："今天又捡了一条命！"

我们社还有张国香、陶忠翠两个妇女。我就把上工地的劳动力分成两班，让每个人都有事做，不窝工。壮劳力负责放炸药、点炮、砸石头等重活；年老的负责刨石头、挖边沟、砌石坎等工作；妇女负责除渣、煮饭等轻松一点的工作。遇到生病或其他事情就调换人手，反正不能让工地停工。我那时候接近50岁，有一身气力，除了负责安排施工，也和其他社员一起干重活，别人干不了或者忙不过来时，我又负责打帮手。冬天山上下起了大雪，我们也不歇工。化雪的时候，冷飕飕的，身上像放了冰块一样冻得发抖，大家脚上、手上全是冻疮，但没得哪一个请假。

一天下午，我带另外一个班砌坎子。本来还不到放炮的时间，却听见一阵垮山的声音。我心里怦怦直跳，正准备问情况，旁边就有人喊："沈庆富出事了！"我吓得全身发抖，沈庆富就是我们二社的，那天在另外一个班组干活。看到垮山的阵仗，人肯定没救了。工地上有人喊、有人哭，其他社的人也赶过来问情况。原来，沈庆富在撬石头时，山上松动的岩石滚了下来，把他卷入了深沟。

沈庆富力气大，在工地上干的是打炮眼、放大炮等危险工作，没想到平日里活蹦乱跳的他会出事。工地上第一次出这么大的事，而且还是在我们社，我不知道该怎么办。在别人的提醒下，我们跑到一个山梁上查看地势，准备到深沟里找回沈庆富的遗体。来的人越来越多，我和刘恒保、陈洪安、周述清、周玉龙等人跪在地上，面向沈庆富出事的地方，点燃放炮用的香，既为沈庆富上香送行，也祈祷工地不再出事。我们几个人光着上身跪在一起，眼泪汪汪，其他人也哭成了一团。

出事后，村干部和乡干部都来了，大家在一起商量处理沈庆富的后事。岩下的沟很深，又没有现成的路，加之天将近擦黑，当天无法把遗体弄回来。第二天天麻麻亮，我们就人拉人下到深沟，一起把沈庆富送回了家。一连几天，我都在帮着处理后事，没时间睡觉，也睡不着，一闭上眼就想起沈庆富。作为社长，我觉得没带好这班工；作为邻舍，我失去了一位好兄弟，心里很难过。

那个时候的人真是齐心啊，全村的人都为沈庆富料理后事。沈庆富的家人也很通情达理，没找村里和乡里讨说法要补偿，把失去亲人的悲伤往肚子里吞。

没隔几天，村里又召集上工地。我们这个社因为沈庆富出事，心里有些阴影，过了将近一个月才重新回到工地。与以前相比，社员们好像蔫了一些，我就组织大家唱歌、讲笑话。这样一带动，气氛就活跃起来了，干活的劲头就有了。到了农忙季节，我们就轮流回家抢种抢收。等大家都把农活忙完了，回到了工地上，我才最后一个回家，在工地待得最长时有20天。大家农忙一结束就上工地，要把耽搁的活路抢回来，不能在村里拖后腿，我们都憋了一口气，不把路修通就对不住死去的兄弟。一年多时间，我们硬是把鸡冠梁"啃"了下来。想起死去的兄弟，改线重修的经历，真不容易！

鸡冠梁修完后，村里又划了新任务，我们社接着修了四段路。2000年，又转移到"大陡坡"，这一段岩山少些了，离家也近些了。虽然县上对我们修路支持蛮大，解决了爆破物资，还给予了一定补助，但好多村民还是想到外面打工挣钱。这样一来，修路的人更少了。想到自己家里负担重、欠账多，2001年我也外出务工，社长由毛相兵接任。那一年，我在广东湛江一家工厂做煤气罐，每天工作10小时以上，挣了5000多块。

2001年春节回来，家里的路还没修通。村干部找到了我，让我领头把"大陡坡"修通。说实话，我在外面务工时一直想着村里的路。看到修的

"半截路"，我心里很不甘心。以前累死累活都是为了路，如果现在都出去务工，路就摆起了……想到这些，我觉得我需要站出来。

我每天天不亮就带着聋哑儿子上工地。当时上工的只有五六个人，进度始终赶不上来。我就从外面找来四个湖北工人搞突击，吃住全在我家。妻子贤惠，每天煮饭、送饭。连续修了两个多月，我们终于把"大陡坡"修通了，我个人拿出几百块支付了工人工资。

下庄每个人都在付出，有人受伤，有人因工致残，甚至牺牲。不管怎么说，路修通了，改变了下庄不通公路的历史，修路人的付出是值得的。作为社长，我这点付出是应该的。

路通了，我们的生活也芝麻开花节节高。在毛支书的带领下，我把自家的地拿出来种柑橘，还租种了别人家的几亩地，加起来共有12亩，从2019年开始挂果采摘，最高年收入20000多块。2021年村里引进了一家农业公司，我们把柑橘转给公司管理，按比例参与分成。

日子好过了，身体却不争气。前几年我突发脑溢血，造成右边瘫痪，右手使不上力，动不得。庆幸现在政策好，住院吃药可以报销一部分，要是以前，我恐怕早就没命了！想起这些，再看着下庄的变化，我觉得修路的辛苦和付出都值得。

难忘的 9 月 22 日

口述 / 蒋延龙　　整理 / 尹君

人物档案

　　蒋延龙，男，1966年9月生。曾任原下庄村三社社长，现为重庆市巫山文化产业发展有限公司保洁员。

　　我清晰地记得1999年9月22日那天发生的事。

　　我作为下庄村三社社长，带一班人在私钱洞修路，我和王祥林负责在大石柱打炮眼。在一米多宽的毛路上，里坎是刀削斧劈般的陡峭岩壁，外坎是深不见底的万丈深渊。下午三点多钟，一个三米多深的炮眼打好了，接着就需要往离地一人多高的炮眼里装炸药。我站在下面往上递，王祥林弯下身子接，再用竹竿往炮眼里捅，夯实炸药。不一会儿，豆大的汗珠从头发里钻了出来，顺着额头往下流，刺得我们睁不开眼睛，很难受。

　　王祥林边捅边说："这路修了一年多时间了，还是破坏乱垮的，何时是个头哦？"

　　我用手背揉了揉眼睛，对他说："别问那么多，干就行了。"

　　王祥林接着说，想休息几天，这几天热坏了，也累坏了，想痛痛快快洗个澡，好好地睡上一觉。

　　"我也想。"我抬起头对他说，"但分给我们社的任务完不成，谁也别想休息，等路修完了，想休息多久都可以，还是先干活吧。"

　　话音刚落，就听见头顶传来窸窸窣窣的声音，不时还有碎石和泥巴滚落下来。

蒋延龙（前）正在悬崖下凿石修路

我心里一惊："不好，要塌方！"我赶紧对王祥林大喊："快跑，要塌方了！"

王祥林听到喊声，也吓破了胆，立马从一人多高的岩上跳了下来。由于惯性，刚着地，就来了个嘴啃泥，加上紧张，怎么也爬不起来。我冲上前去，一把拽起他就往远处跑。但还是慢了一步，一块四米见方的山体"轰"的一声从头顶压了下来，我下意识地把王祥林往身边一拽，一块棱角分明的石头擦着他的肩膀"砰"的一声砸在脚跟前，再一次把他打了个嘴啃泥，痛得他在地上直打滚。

惊魂未定的我赶紧上前扶起他。只见他左边肩膀被活生生刮去了巴掌大的一块皮肉，血水不停地往下流，把他站的那片泥土都染红了。

我以为，王祥林会在家多歇几天。结果，他只休息了两天，绑着纱带就来上工了。有时一用力，鲜血就会从纱带里浸出来，痛得他直咧嘴。

我不迷信，但相信因缘相报。

2000年9月22日这天，我们在私钱洞外坎薄刀梁子修路。太阳照得人睁不开眼睛，我们在工地热汗直流，汗水和着泥巴在一个个脸上留下一道道像蚯蚓爬过的印子。

吃完午饭，顾不上休息，我就带着杨亨德、王祥林、蒋长清和王祥松等人在毛路上清理碎石和渣土。过了两个多小时，还剩几个大石头。

我让大家抽袋烟，歇一会儿后再干。听我发话后，大家都扔下工具坐到路边休息去了。

蒋长清的岁数最小，靠在公路里坎一个岩石上，老练地抽着烟，一缕缕烟雾在蓬松的发间缭绕，他表情有些忧郁，但眼神很明亮。

不远处，王祥林和王祥松拉着家常。

王祥林说："不知这路什么时候能修完？等路修完后就去广东打工，老屋实在是太破旧了，出去挣些钱回来把老屋翻新一下。"

王祥松说："我的娃娃还小，出不了门，只想路修通后，多种一些柑橘和包谷，拉到骡坪或城里去卖，不用自己一筐一筐往上背。"

蒋长清走过来，坐在他俩旁边，大声说："要得，要得，等路修完后，我就出门打工，然后考个驾照、买个农用车，帮你拉柑橘和包谷到城里卖。"

听见他们的对话，我浑身舒爽，劳累转眼烟消云散。我站起身对大伙儿喊道："该干活了！"

大家又干起来。三米多宽的毛路中间，一个一吨多重的石头，要推到公路外坎事先挖好的坑里。大家有的拿钢钎、有的拿锄头、有的拿木杠，用力往路边撬。我站在最外边，把钢钎插在石头缝里，嘴里喊："一、二、三，用力。"大家同时用力，脸憋得通红，我的钢钎有些弯了，和石头摩擦出"咔咔"的声音，但这块大石头还是纹丝不动。当我再次喊的时候，脚下一软，钢钎一下反弹回来，把我打倒在地，整个人顺着陡坡就要往悬崖边滑落。

我脑壳一片空白，一旦掉下山崖，可能连尸首都找不到。

就在这时，杨亨德扔下手里的木杠，一个箭步冲过来，死死地搂住我的脚，王祥林、蒋长清、王祥松有的抓我的裤子，有的抱杨亨德的双腿，不要命地往回拉，才把我从死神手中抢了回来。

2004年4月，我们在绝壁上凿出的八公里天路终于全线贯通了。5月中旬，我告别了妻子和儿子，先后到广东、上海、江苏、重庆等地打工。2021年，响应村里号召，我回到下庄，一边做零工，一边种柑橘，虽然没有在外面打工那样苦，但心里总觉得不怎么踏实，总想着如果年龄大了、体力跟不上了，还怎么挣钱呢？幸运的是，2022年，村里引入了重庆市巫山文化产业发展有限公司，我被聘为保洁员，老婆也在这个公司食堂煮饭。我们还种了六亩多柑橘，并与公司签订了柑橘保底收购合同，老婆还喂养了三头大肥猪。

嘿嘿，老了老了，我们老两口有了一份固定的工作，每月还有一份稳定的收入，真是睡着了都要笑醒。

我是大力士，还是村医生

口述／杨亨华　整理／冯凌云

人物档案

　　杨亨华，男，1965年生。曾任原下庄村四社社长。现任下庄村综治专干，村医生。

　　我有一身气力，背过最重的重量达到了700多斤，好多人叫我"大力士"。但是为什么力气大，我也不明白原因。小时候，兄弟姊妹多，家里条件差，有时候吃上顿饿下顿，哪长得好身体呀！我长大了又跟着父亲学医，成为赤脚医生，每天走村串户出诊，有时候忙得连饭都吃不成。可能还是与体质有关吧，上天就给我安排了一副有力气的身子骨。在农村，靠的是勤劳，拼的是力气。我这人也热心帮忙，需要我的时候，随喊随到。村里搞建设，我也是积极分子，修大堰和电站都参与过。

　　1997年，村里修路，我刚30岁出头，正是出力的时候。当时我是四社社长，全社80多个人，只有18个劳力。怎么办？我就根据大家的特长做好分工，身强力壮的男同志钻炮眼，女同志煮饭，年龄稍大一点的同志负责撬石头、砌石坎。大家手里都有事做，不窝工。

　　钻炮眼既危险又讲究技巧。危险是因为要在悬岩上握着钻机，有时还要把绳子缠在腰间钻炮眼，稍不注意就会掉下来。技巧是要选择合适的位置，有的岩壁硬，有的稍软一些，全凭经验判断。在鸡冠梁钻炮眼时，我们轮流换班，两个人一组，一个人握钻机在炮眼里面施工，另一人握住拴在钻炮手身上的绳子，若遇紧急情况就拉扯绳子发信号。钻到第七天，我继续往里钻炮眼时，机器开动没多久就晕了过去。见机器没响动，同伴赶忙扯绳子，我依然没反应，大家赶忙把我从洞子里抬出来，只见我口吐白沫，不省人事。有经验的人赶紧为我扇风、喂水，隔了好久才醒来。大家围过来，说我捡了一条命。那个炮眼，是我们用时最多的一次，钻了八天，从岩壁上钻进去四五米深，像一条隧洞。

点炮也需要胆大心细。有一次，我们在一块岩石上打了一个"巴耳炮"（手巴掌大的炮眼），炸药不多，但导火线比较长。我点炮后习惯性地往山上躲炮。过了几分钟，炮一直没响，我意识到可能是哑炮。平常也遇到过这种情况，大多是因为导火线受潮，当时没多想，我就赶忙返回洞口去看。还没跑拢，炮突然响了！我赶忙往旁边一个岩洞里钻，几大步撺进岩洞，石头密密麻麻地砸了下来，我竟毫发未损！得知情况，工友们说我是"飞毛腿"，硬是跑赢了落下的石头。我吓惨了，瘫坐在岩洞里好久说不出话来。好在我反应快，力气大，熟悉地形，才躲过了这一劫。

还有一次，我点炮后跑出一截才发现炮眼旁边的钻机没有收走。钻机是工地上的大物件，有六七十斤重，很昂贵，整个工地都没有几台。我担心钻机被砸坏，必须把它抢回来。我跑回去把钻机拿在手上，再往山上躲炮。刚躲进岩屋，炮响了，我又躲过了一劫。那时候我力气真大，钻机拿在手里就像提着水壶一样，跑得飞快，才没有被飞石砸中。

时任县委书记王定顺、县长王超到工地上慰问杨亨华（前排右二）等修路村民

危险的时候还有很多，如果不是我力气大，反应快，我都不知道死了好多回。但不是每个人都如此幸运，工地上受伤是常有的事。我是赤脚医生，不管多忙多累，都要随时为受伤的村民处置伤情。由于条件有限，药品器械不足，我只能对一些简单的伤口进行包扎。看着受伤严重的村民，我很自责和愧疚，处理不了时，只得抬往山外的医院。

我为村民看了很多病，处理了很多突发的伤情。让我最感动的是大家轻伤不下火线。头部擦破皮，上点药继续干；手磨破了，包扎一下又干活。至于一些感冒、咳嗽之类的小毛病，根本就不理会。有的即使受伤住院也放不下修路，一出院就回到工地继续干。大家为的是早点把路修通。修路那几年，我一共赊出去好几千块的药费，最后仍有一部分药钱没有收回来，我也没当回事，干脆一笔勾销。大家都困难，再说都是为了修路，我作出一点贡献，也没有什么大不了的。

路修通后，很多人外出务工。我家里的负担很重，虽然是村医，但当时赊账多，挣不了几个钱，也想外出务工。很多人愿意跟我出门，说我力气大，就是挖矿也能挣大钱。但得知我要出门，毛支书把我劝住了。他说："你走了，村里人有个三病两痛怎么办？"我一想，也是！从我学医开始，父亲就说当医生不是为了赚钱，而是为了方便老百姓，人不能钻到钱眼里，要积福行善。就像当年修路一样，如果我只是为了一家人的任务，也不会那么拼命冒险。这样一想，我就打消了外出务工的念头，继续留在村里，一边行医一边种地。

前几年，村支两委换届，乡里动员我为村里做点事。我是个实诚人，说话做事一板一眼，不敢胜任村干部工作。可组织上看重的就是这一点，希望我发挥更大的作用。选举时，我以全票当选。拗不过村民的信任，我被"逼"上架，接任了村综治专干。

这几年，我一直负责下庄的项目建设，既要赶进度，又要做好群众工作。我住在骡坪场镇，每周六晚上回去，周日早上赶回下庄。2022年，村里干旱缺水，既要解决群众饮水问题，还要保障工地建设用水，我们就组织车辆拉水。有时候，我正在工地上协调事情，恰好有人打电话拿药，又得回到村卫生室。这样来来回回，搞得吃饭都没时间。虽然又忙又累，但比起当初修路还是轻松多了，至少没有太大的危险。

凿路英雄

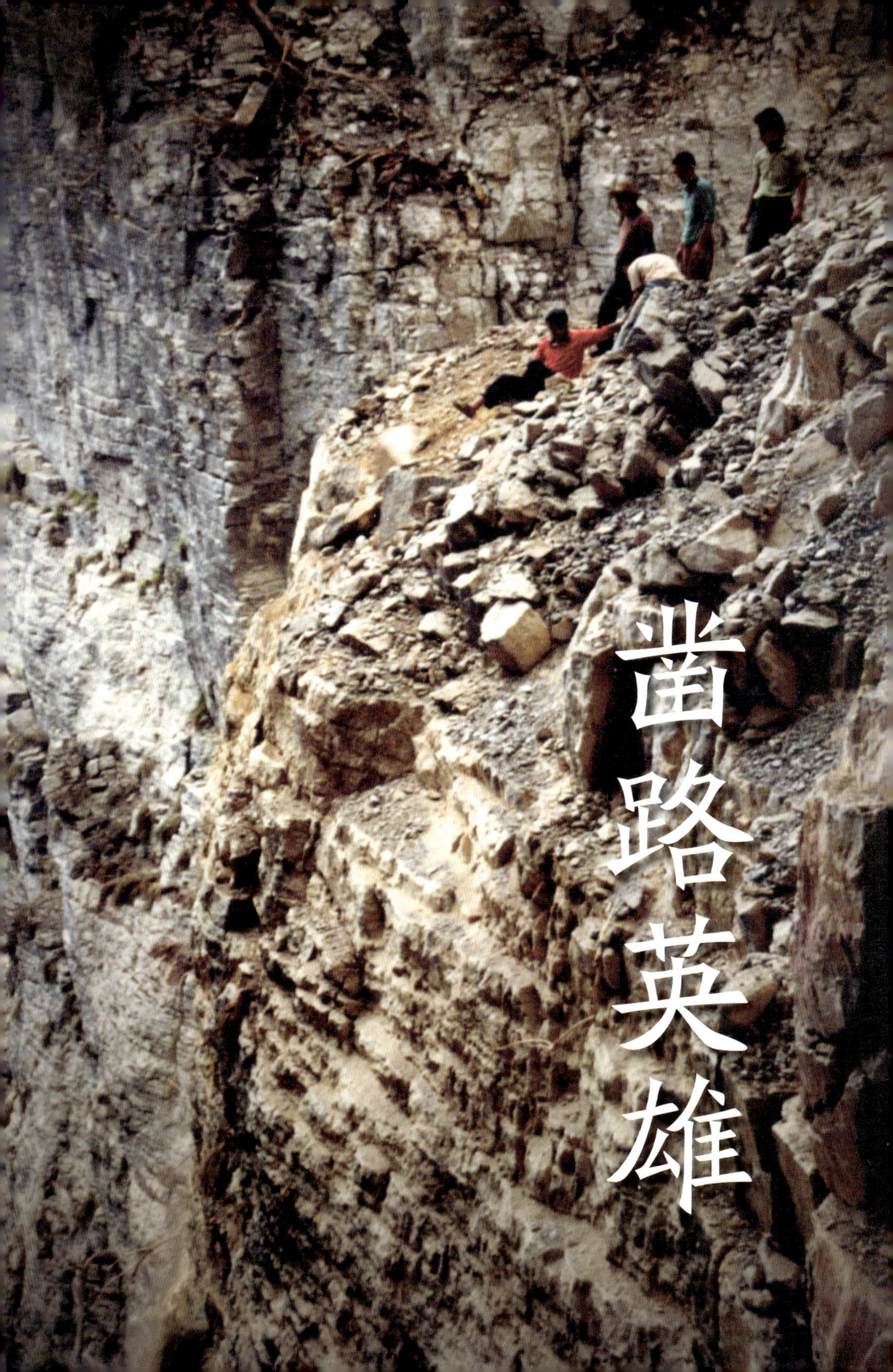

最大的一炮

口述 / 彭仁松　整理 / 徐永泉

　　彭仁松，男，1964年10月生。曾任"全国脱贫攻坚楷模"毛相林同志先进事迹报告团成员。现与重庆市巫山文化产业发展有限公司合办"仁松小院"民宿。

　　村民黄会元，在1996年初已经全家搬到了湖北，接到村里要修路的信后，便立马回到老家下庄，还特意买了一台凿岩机带回来。凿岩机是很先进的，为下庄修路作出了很大贡献。

　　黄会元牺牲前，我与他日夜相处，一起做事，很合得来。他用凿岩机打炮眼，我负责扩炮眼。凿岩机的确厉害，每次都能打三四米深。炮眼虽深，但不粗。我就从炮眼最深处开始，分多次，逐渐向炮眼口靠近，一次次把炮眼扩大，以便能最大限度地堆放炸药，产生最大的爆破力。

　　炮眼如何扩呢？拿根四米长的竹竿，用纸包六寸来长一截炸药，绑在竹竿一头，接好雷管和导火线。第一次扩时，点燃导火线，将竹竿伸到炮眼最深处，人马上走开，让雷管、炸药爆炸。这样，炮眼深处由原来的圆柱形孔眼炸成了一个粗粗的孔洞。岩石炸成粉末状后，由于压力的作用，会像打枪子儿一样飞出炮口。一个炮眼要这样反复扩一二十次。

　　有一回，一个炮眼扩得快要完成时，上方突然发出了响声，裂开了口子，赓即垮下很大一网石块。幸好，只有一块小石头打在我左肩上，受了一点皮外伤。当时我都麻木了，虽然破了皮，流了血，还不感觉怎么痛。大家说赶紧去医院上药，我还说没事，可以继续干。大家一再让我去医院，我才去。养伤大概个把星期，还没有完全好利索，但我闲不住，想早日把公路修通，就又上工了。

私钱洞旁有座山，这道悬崖绝壁上的高高山梁，从侧面看，形状像雄鸡头顶上的鸡冠，被称为鸡冠梁。

2000年，我们决定放个大炮，一次性拿下鸡冠梁。三四个人专门负责做炮眼，用了十多天。那根本就不是炮眼，应该叫炮洞，就像挖煤的炭洞子一样，人稍一弯腰就能钻进去，有好几丈深。那一炮，一共筑了两吨炸药，主导火线上接了十几颗雷管。为增强爆破力，还在炸药里散放了100多颗雷管。

放炮的一切准备工作都做好了。负责筑药、接雷管导火线、点炮的六个人，陆续走到鸡冠梁左侧沟对面，离爆破点直线距离100多米，等待这一大炮炸响。按经验，这种大炮深度大、爆破力强，容易造成岩体大面积崩塌断裂，一般不会有飞石伤到距离较远的人。

当时，其他工段吃住都在工地附近偏岩洞的一些民工，也都陆陆续续收工回到住处。大家都知道，今天鸡冠梁要放一大炮。也有部分村民当天要回家背粮食，或看看孩子、老人。平时他们偶尔下山，都是直接回到家里。这天他们下山后，走到山脚那棵大椆树下，不约而同地停下了脚步，想要看看鸡冠梁这一大炮能炸成什么样子！

彭仁松（右一）与郭光清等村民在工地上吃午餐

结果出人意料！吓得下庄人老老少少魂不附体！

我那天也下了山。很晚了，我们还站在村口一棵大楠树跟前，不眨眼地盯着鸡冠梁。只听"轰"的一声，我感到脚下一抖，两腿一闪，像发生地震一样，鸡冠梁眨眼工夫就塌了半边山。稍过了会儿，烟尘满天，什么都看不见了。大家恐慌极了！心想：一定出大事了，肯定整个鸡冠梁都被炸垮了，山上的人没有一个能保命了！

5分钟，10分钟，20分钟……时间一点点过去，漫天烟尘渐渐散去，鸡冠梁被扯开了一个大大的豁口。

负责筑药、接雷管导火线、点炮的六人，炮响后都做好了一起死的准备。炮一响，他们明显感到天摇地动，看到鸡冠梁整体垮塌，扑面而来，烟尘笼罩，什么也看不清，大家顿时后悔。六个大男人什么也不说，紧紧抱在一起，静静等待死神的降临！

时间一秒秒过去，结果出乎意料——烟尘渐渐飘散，他们被震得嗡嗡直响的耳朵慢慢恢复正常，全都毫发无损。大家你看看我，我看看你，孩子般地笑了，说："都没死成！阎王爷不收我们！"

我小学成绩还可以，小学毕业后父亲把我送到竹贤小学帽子班读初中。读了一年，十三四岁的我已懂得为家里分忧。母亲常年有病，弟弟妹妹又小，父亲一人在家种田实在太辛苦，我便固执地放弃学业，回家和父亲一起种田。

我的大儿子彭来和我性格很相似。2005年，彭来刚在巫中读完高一，想到我一人在家忙里忙外，实在太难，便再也不读书了，说把弟弟彭淦好好培养一下。

彭来退学后，彭淦当年就到骡坪中学去上了初中。彭淦也很懂事，下庄到骡坪中学步行大约45里路，为了省钱，无论是从家里到学校，还是从学校回家，他都没坐过一次车，三年初中完全是靠双脚走出来的，鞋都磨破了好多双。彭淦大学毕业后在成都工作，听说家乡下庄村发展得不错，便从公司辞了职，回下庄村村校当了一名代课教师。2022年暑期，全县统一公开招考教师，他榜上有名，成为下庄村村校一名正式教师。

人一辈子，都有个命管着，但我们不能完全靠等，让命运牵着鼻子走。命运应掌握在自己手中。整个下庄村是这样，每个家庭、每个人也都是这样。

没有一点儿害怕的感觉

口述 / 蒋长清　整理 / 尹君

人物档案

蒋长清，男，1976年10月生。

1999年7月的一天黄昏，太阳已落到山后去了，大地的高烧正在退去，留下了满天的云彩，闷热让人烦躁不已，就鸡冠梁这个地形，白天看那些修路的人，就像是吊在裤腰带上的烟袋，晃来晃去。

我和蒋延龙、黄玉桃、蒋长久等人在鸡冠梁一个叫里头沟的地方打炮眼。炮眼打好后，我们不停地往炮眼装填炸药，这次，要做一个比平时威力更猛的大炮。山梁的另一面是三社的马正银和二社的毛相兵、刘国玉、张国香等人，他们也在装填同样威力巨大的大炮。我们两个班组事先商定同时点炮，好一下掀开挡在面前的那道山梁。

两个班组相隔200米远，那时没有通信工具，要么叫人、喊话全靠吼，要么就按照事先的约定，估计着放炮时间同时放炮，前后误差不会超过五秒钟。这次也一样，但当我们班组还在装填最后几包炸药时，就听见震耳欲聋的爆炸声从山梁那边传来，整个大地都在抖，眼前这匹山梁排山倒海地压了下来。我呆站在原地还没回过神来，蒋延龙和黄玉桃便拉着我的手拼命往远处跑。没跑多远，我们填炸药的上方山体便轰隆隆地垮了下来，像地震一样，撕山裂谷。

"对面班组那些家伙也不事先通知一声，差点儿把我的魂都吓掉了！"我在心里狠狠地骂了一句。

蒋长清（左）与蒋延龙在悬崖绝壁上打炮眼

　　过了10分钟，还有碎石和泥巴在往下落。我迫不及待地从蒋延龙手中挣脱出来，朝着刚才站立的地方跑去，不停地用力搬动堆在路面上的石头。蒋延龙跟着跑了过来，对我大声吼道："不要命了！还在垮山呢！"说完，又上前来拉我。我一下把他的手挡开，对他说，我找一个东西后就过去！

　　原来，我和蒋延龙、黄玉桃跑开后一看，戴在手腕上的电子表不见了。那块表是两年前到骡坪场镇走亲戚时花了30块钱买来的，能自动整点报时，是我身上最值钱的东西，很时髦也很高级，我成天戴着它四处炫耀，怎么能说没了就没了呢！我刚搬开一块石头，另一块马上滑落了下来。反复几次，都是这样，急得我眼泪都快流出来了。

蒋延龙和黄玉桃分别安慰我，然后就拉着我朝更远一点的地方走去。

一路上，蒋延龙说："那边班组几个人不晓得这炸药威力有多大，至少应该晓得还有我们在这边装炸药撒！想起就后怕。"

黄玉桃接过话头说："是的，事先我还给毛相兵几个人说了，这次放炮的炸药是以前十几倍，他们放炮时要打个招呼，结果他们提前就放了。幸亏没出事，不然怎么得了哟！"

太阳快落山了，三社社长蒋延龙走过来对我说："你胆子大，今晚我俩就留在山上过夜，让黄玉桃他们回家休息一下。"

我说："要得，从这里走回去，差不多要晚上九点钟才能到家，山下还热些，我们就在山上睡。"

蒋延龙又说："在山上过夜，不是为了歇凉，是为了观察会不会继续垮塌。"

我们在垮塌不远的偏岩里铺上塑料纸，再铺上铺盖，又在四周码了一圈石头，防止翻身时滚到外面的水沟里。这个偏岩两米见方，半人多高，岩壁上方有一块向外凸起的岩石，像屋檐一样，可以挡住山上滚落的石头和雨水。

晚上九点多，我躺在铺上昏昏欲睡。蒋延龙却像翻烙饼，怎么也睡不着。他直起身子推了推我，提醒我要警醒一点，他出去转一转，看看白天垮山的现场。

我迷迷糊糊地朝他挥了挥手，准备继续睡觉。突然，蒋延龙缩回身子，惊叫了一声："不好，又要垮山了！"我一下就从铺上弹了起来，"咚"的一声撞到头顶坚硬的岩石，脑壳"嗡嗡"地叫唤，后脑壳被撞出一个拇指大小的青包。

我和蒋延龙还没来得及跑出偏岩，就听见震耳的炸裂声从上面传来，山体轰轰隆隆、乒乒乓乓地从我们临时睡觉的偏岩两边排山倒海地滚落下来。我们跑也不敢跑，生怕被滚落的石头砸中丢了性命，便使劲贴在偏岩最里面的岩壁上不敢动弹，四周卷起的尘土不断往里灌，呛得喘不过气来。

好不容易熬到天亮，我们爬出偏岩，被眼前的景象惊呆了。昨天的大炮炸垮了那道山梁，也震松了附近的山体。从山上滚下来的石头像小山一样堆在面前，砸毁了好长一段修好的毛路。在我们临时睡觉的偏岩里，铺上的尘土竟有一拃多厚。我和蒋延龙有幸捡回了一条命。

听到垮山的消息，我的父母吓坏了，跟修路的人一起朝出事的地方跑来，刚到工地就不停地呼喊我的名字。我的耳朵被震得嗡嗡直响，根本听不见父母的喊叫声。看见他们，我不停地用力揉搓自己的耳朵，好长时间才恢复听力，走上前叫了一声"妈"。母亲看到像"灰狗子"一样的我，一巴掌打在我肩膀上，哭骂道："你个小崽崽，可把老娘和你老汉儿吓坏了。"

我笑了笑没说什么，只是用手在母亲的后背上轻轻地拍了拍。说实在的，当时只觉得很刺激，竟没有一点儿害怕的感觉。

我想，在修筑下庄"天路"时，我们下庄人就是凭借着一股无所畏惧的精气神，才把路修通的。

修路结束后，我突然觉得自己长大了，准确地说，应该是成熟了。2004年下半年，为了改变家里贫穷的面貌，我便出门打工去了，由于没有文化，很多工厂不收。后经人介绍，我到贵州的一个煤矿当了一名挖煤工，虽然很艰苦，但这份工作对我来说来之不易。更重要的是，它对文化程度没有什么要求，我拼命地干活，有时连口罩都不戴就下井挖煤。那时矿厂对护理这方面要求不是很严格，我也没意识到煤尘对身体的危害，觉得只要胆子大就行了。时间一长，煤尘对我肺部的伤害很严重，使我干不了重体力活，咳嗽一天比一天严重。无奈之下，2008年底，我卷起铺盖卷儿回到了下庄。

我是因为缺少文化才吃了一些亏。所以，从娃娃们开始上学时，我就督促他们要好好学习，不要以为胆子大就可无所顾忌。好在两个娃娃很争气，女儿今年15岁，在巫山中学读高中。儿子今年10岁，在竹贤小学读书。两个娃娃成绩都不错，这是我最欣慰的地方。

我比别人少修四年半

口述 / 杨亨荣　　整理 / 尹君

人物档案

杨亨荣，男，1963年4月生。因参与修路不幸致残的村民之一。

我只修了两年半时间的路，比下庄其他修路的人，少了整整四年半。

刚开始的时候，一切都好好的，我们日出而作，日落而息，连家都很少回。晚上就在山崖边临时搭建的窝棚里胡乱地睡一觉。第二天天上的星星还没完全消失的时候，我们就早早起了床，匆匆吃过早饭后，便扛着锄头、钢钎、钻机来到工地，开始新一天的辛勤劳作。路就在紧张劳累中一尺一尺地艰难向前延伸。

1999年秋天的一个上午，我和周述清、周玉虎、陈俊安四人在私钱洞下面樟树沟清理路上的碎石和渣土。有一段山体没完全炸碎，清理起来很吃力，也耽误了修路进度。这时，我对大家说，放一个"扫根炮"，清理完路面上的碎石后就去吃午饭。

"扫根炮"就是用威力不大的小炮炸碎大山根部那些向外凸起的石头，同时把堆在路面的石头和泥巴震松，便于更好更快地畅通道路。因为与路基边沟相连，就觉得是大山的根部，放这种炮的时候，就像用扫帚清扫地上的垃圾，所以就叫"扫根炮"。这种炮眼不深、威力不大，但危险系数很高，稍不注意，就会被炸飞的石头打伤。

我们合力安装好"扫根炮"，点燃，跑开。跑到掩体附近，我大声提醒他们三人躲好。话音刚落，一声巨响，地动山摇，像地震一样，被炸飞的石

下庄村民看着崖底的村子，坚定了修路的信心

头四处乱飞。我正准备往掩体里跳的时候，被一个碗大的石头砸中腰部，当场就昏死了过去。

见我倒地不起，周述清、周玉虎、陈俊安吓坏了，抬着我拼命往鱼儿溪上方跑，那里离乡公路近，他们想为我争取抢救的时间。

我也是命不该绝。他们三人气喘如牛地刚把我抬到公路边，就来了一辆"方圆"牌农用车。司机二话没说，就把我送进了县医院，确诊为腰椎体压缩性骨折。经紧急抢救，命算保住了。医生说，要作好思想准备，因为椎体骨折，压迫到相邻神经，有瘫痪的可能，要配合治疗。

平时劳动惯了，陡然躺在床上，浑身不自在，伤口的疼痛加上双腿的麻木，我时常无故对妻子发火。

为了腾出更多时间照顾我，妻子就近做一些零工，艰难地维持医疗费用，两个儿子也辍学回家种地了。当时，大儿子15岁，小儿子13岁。有时，他们背着粮食到医院，看到又黑又瘦的儿子，我含着泪水不停地用拳头捶打有些麻木的双腿，变得更加沉默寡言。

伤痛把我折磨得不成人形，整个人的精神也垮了。躺在病床上，我消沉到了极点，不敢想象以后的生活，妻子和儿子都不敢在我面前有丝毫不高兴的表现。

妻子周述芝那年才36岁，由于过度劳累，看上去像一个50岁的女人，脸上的皱纹能绊倒一头牛。妻子好强，医疗费用一分钱不能少必须按时缴，在极度困难面前，她不得不腾出更多的时间去打零工。谈到以后的生活，她止不住大哭，这使我更加难受。

我在病床上一躺就是三年多。在医生的治疗下，在妻子精心的照料下，我可以拄着拐棍一瘸一拐地走路了。长时间的住院治疗，本不宽裕的家庭雪上加霜。为了让妻子少辛苦一点，为了节约医疗费用，能蹒跚走路的我坚持要出院回家治疗。医生和妻子都拗不过我。出院前一天，我问医生，治疗了这么久，怎么两条小腿还萎缩得这样厉害？医生说，因为椎体骨折，压迫到相邻神经，没瘫痪已经很不错了，回去后还要做一些康复性锻炼。2003年8月21日，我带着两条残腿回到了阔别三年多的下庄。

长时间没回家了，房子破败得特别厉害。两个细娃娃在家，能把家守住就不错了，使我很欣慰。但一看到手中拐棍，心头又缠绕着一种深切的悲哀。

第二天一早，我不顾妻子的阻拦，就拄着拐棍来到田间，艰难地掰包谷。虽说行走不方便，手边的活还是干得很得劲，不一会儿就掰了两箩筐包谷。妻子见状，也背着背篓一起掰包谷。太阳一出来，地上像着了火一样，她跟我一样只穿一件短袖背心，暴晒在太阳底下，汗水牵着线往下流，臂膀和双腿被包谷叶划出道道血痕，却不说累和疼。

艰难的生活一天天过去，我的小腿萎缩得只有酒杯粗了，显出了骨头本来的面目，但可以帮家里干一些活，心里也是高兴的。后来，又种了六亩多地的柑橘，每年都增加了一定的固定收入，两个儿子也长大成人，分别在珠海和海南打工。大儿子在下庄本地安了家，小儿子在骡坪镇安了家。

眼看着日子一天一天好起来，厄运再次降临。

近两年来，下庄村基础设施建设、特色产业发展都如火如荼地进行着，村风村貌、村民收入都发生着翻天覆地的变化，看着就让人高兴。2022年5月的一天，陶举坤问我："下庄各种建设都需要人手，你虽然走路不方便，但手头的活还是干得很好的，现在有一家公司砌房子需要一个扎钢筋的工人，干不干？"我二话没说，拄着拐棍就跟着陶举坤到了工地。

6月24日，我和陶举坤、杨亨容三人蹲在脚手架上扎钢筋。蹲得久了，双腿麻木了，想站起来活动一下。我扶着脚手架刚直起身，感觉脑壳一阵眩晕，眼前一黑，一头从两米多高的脚手架上栽了下来，当场跌断了右腿，膀胱都被震破了。经抢救，又幸运地捡回一条命来，但再也站不起来了，完全依靠轮椅。更要命的是，由于受到强烈撞击，听力大大减弱了。

为了节约医疗费用，我在县医院住院治疗了两个月，便坚持出了院。

我一边治疗，一边和妻子在骡坪镇上照看读初中的孙子。两个儿子每月给的钱可以应付日常开支，但向他们伸手总不是长远之事。妻子节俭好强，除在镇上打零工，还租种了一亩多地的柑橘，想凭自己努力把苦日子过甜。每当我坐着轮椅在街口看着妻子忙碌且佝偻的背影，别说有多心酸。

虽然生活对我很刻薄，但我对未来仍然充满希望，也有勇气面对暂时的不顺。经历了很多事，我觉得，真正的勇气，不是压倒一切，而是不被一切压倒。算一算，等孙子上高中后，我也才64岁，到那时，就和老婆一起回到下庄去，守着那几间老屋，侍弄那几亩田地。即使坐着轮椅，也要好好地活上一回，好好享受一下用血汗，甚至用生命换回来的美好生活。

修路致残第二人

口述 / 毛相斌　整理 / 徐永泉

人物档案

毛相斌，男，1964年2月生。

在下庄公路动工修建之前，竹贤乡党委政府组织了一次全乡村干部和村民代表开会，商量当时的两合、阮村，石沟、彭家，葡萄、石院等，每两个村组合，一起出力，先把地势条件较好的村的公路修通。

下庄村四周悬崖峭壁，像一口深井，地势条件竹贤乡最差，要修通公路显然是最难的。我三爸的儿子——村支书毛相林，一听说先要帮地势条件较好的村修通公路，心里很不是滋味，心想，下庄村怕要等到猴年马月才能通公路了。毛相林便暗下决心——我们要自己修下庄的路！

后来，毛相林召集村民开会，慎重且激动地讲出了他打算带领大家自力更生修建出山公路的想法，村民们特别支持。

2000年农历二月十九那天，我们三个人正在筑一个大炮眼。筑了一会儿，炸药快要用完了。其中一人到放材料的工棚背炸药，我和陶忠德继续筑炸药。正在这时，站在炮眼口对面打望的几个人，突然大声朝我和陶忠德喊：

"赶紧跑！赶紧跑！山上要垮！"

我们拔腿就跑，山上滑落下很大一堆石头，一下把我撞到了十几米外的岩边边上，只差十几厘米，我就要掉下万丈悬崖了。陶忠德跑的方向和我不同，仅背部受了点轻伤。

毛相斌（左二）举手立誓，定把天路修通

　　出事后，七八个人换着背，把我往乡卫生院送。我受伤很严重，左腿血流不止，心里慌得很，想要作呕，很难受，一阵清醒一阵昏迷，送到医院时，已经完全昏迷不醒了。我不仅受了严重的皮肉伤，还遭受了严重的骨折。

　　我是继杨亨荣之后受伤严重的人。在乡卫生院治疗期间，二社社长袁孝恩专门在医院照顾我，乡长曹栩每天提一瓶开水送到我病房。我想，村里这么困难，不能花村里更多的钱，也不能长时间浪费修公路的人力了。只住了一个星期，我就坚持出院，回家继续养伤。

　　村支书毛相林找人把我抬回了下庄。我家在村子最下面的河坎上。回家后，村里赤脚医生杨亨华，每天来回步行好几里路到我家给我输液消炎。连续一年多时间，无论下雨天晴、天冷天热，杨医生天天都要专门跑一趟，我真的很感谢他。

　　尽管不能上山修路了，但我喜欢听山上修路放炮的声音。一听到炮声，我就感觉浑身是劲。大约一年后，我就能够挂着棍子勉强行走了。之后，我每天不仅要听听修路的炮声，还要挂着棍子到地坝边，朝着大家修路的悬崖看上几次，有时一看就是好一阵。

　　时间久了，大家也都惦记着我。能够走路后，很多人家就要接我去玩。我想，多走动也好，活动活动筋骨，对身体有好处，我也想大家，正好见见面、聊一聊。我常常被一些村民和干部接去耍，一耍就是一整天，他们都把我当作客人。有的村民甚至说，我是为下庄修公路受的伤，是功臣，应该受到大家的尊重，说得我怪不好意思的。

又过了大概两年时间，慢慢休养恢复，我才甩掉棍子正常走路。看起来走路跟好人一样，但感觉受伤的左腿膝盖以下，基本都是麻木的，不灵活，一天到晚没得力。走远路、上下坡都很吃力，使不到劲，不能做重活累活。直到现在都是这样。

不能上山修路了，我还能为修路做些什么呢？

我20多岁就开始当红白喜事的总管。丢下拐棍能正常走路后，不管哪家有老人去世要办丧事，或哪家要接儿媳、嫁女儿，我都发挥所长，积极主动地去帮忙。不仅自己要统筹安排好整场事情，还常常帮主人家招待客人，努力做更多的事情。我之所以这样做，是为了尽量少地影响山上的人修路，好让公路早些通车。

我还喜欢东走走、西转转，看看庄稼的长势。尤其是夏天，每次刮风下雨后，其他好多村民都在山上修路，我都得出去走一圈。如果庄稼被吹倒，我就下田扶正；如果灾情严重，我就如实向村干部报告。我这样做，同样是为了山上的人能安心修路。

2004年下庄村的出山公路通车后，村子里又计划着修建通到每个社的支路。支路比悬崖峭壁上的出山公路修起来容易多了。

支路由社长牵头，组织各社村民自己承担修建，也是义务投劳投工。我们二社18户村民共81人，要修两公里多。

我家在村子最下面。我心里明白，不管怎么修，路也不可能修到我家附近。但我丝毫不考虑这一点，公路修到哪里算哪里。尽管腿脚不灵便，干重活吃力，但我不怕吃苦受累，尽自己最大力量，积极参加支路的修建。

二组社长袁孝恩很长一段时间一整天都没得空闲，我就主动帮他的忙，协助他工作。公路测好后，我配合他一家一家具体划段到户。一些村民有意见，我又帮着解释说明，对个别路段还做了一些小的调整。在修路的过程中，难免出现一些矛盾纠纷，我就苦口婆心做工作，不厌其烦地帮忙协调解决。若遇袁孝恩外出有事等情况，我还经常帮他代班。

社支路，是下庄出山公路的延续，是下庄人美好愿想的延续。参加社支路的修建，终于能为下庄修公路继续作出贡献。我感到很幸福，很满足！

腿残志不残

口述 / 杨亨兵　整理 / 徐永泉

人物档案

杨亨兵，男，1967年9月生。

我是个苦命人，当小孩时就残废了。

五六岁时，一天晚饭后，我站在地坝边的晾衣竿下双脚一跳，两手就抓住了晾衣竿，吊在晾衣竿上像荡秋千一样玩耍。二哥见我玩得起劲，也要吊在晾衣竿上玩，就从我后面飞身上来，把我打落在地，造成我左腿髋关节脱臼。

出事当天，父亲没在家。第二天才请来土医生对我的髋关节进行复位，然后上夹板、敷草药……医生给我复位时，痛得不得了。"伤筋动骨一百天"，我很长一段时间都不能走路。后来虽然能走，但和以前不同了，和别人不同了，左腿短了许多，走起路来更是别扭了许多。因为土医生没有把髋关节恢复到原位。

这么小就成了这样子，走一步偏起很远。这种心里不好受的滋味，没有这种经历的人是无法体会到的。父母看见曾经天真活泼的我如今变得少言少语，也不像过去一样活蹦乱跳，为我一辈子着想，决定"长痛不如短痛"，想把我髋关节用蛮力拉开，重新复位。

父母请来医生和几个力气大的人，把我绑在一架梯子上，几个人用力拉扯。由于髋关节错位的地方已经长牢，无论使多大的力也拉不开。可怜的我疼得喊爹喊妈，全身冒冷汗。父母看我实在受不了，才于心不忍，放弃了"重新复位"这个想法。

动工修建出山公路那年，我30岁了。这是造福子孙的天大好事，哪怕是残疾人，也要尽最大的力。大家对我很照顾，在关键时候还救了我的命。

我们修私钱洞那一段，在两头各放了一大炮，打算先把人行道修通，然后从两头进攻，加快进度。

经过多次小爆破，我们几个人做了一个钻得进人的炮眼，做到大概两丈深的时候，由于天热，或是缺氧，杨亨星在炮眼里晕倒了，两眼紧闭，不省人事，大家连忙把他拖出来，他才慢慢醒了过来。

大炮放完之后，为了保证安全，我们过了两天才去除渣。走到工地后，为了让震裂的岩石尽量垮落，杨元鼎在下面打望，我爬上炸开的一个斜坡，把钢钎往那儿一撬，只听杨元鼎连忙叫住我：

"快莫动！快莫动！千万撬不得！"

他这一喊，把我全身都吓软了。左腿比右腿短一大截，试了几下，想从斜坡上下来，但寸步难移，怎么都下来不了。

杨元鼎连忙跑到附近工棚拿了一卷导火线，迅速散开，捏住一头扔给我。我拿到导火线，把自己腰杆拴起，渐渐增加了一些胆量。杨元鼎就握紧导火线，把我一点一点儿拉到安全的地方。

经过多次放炮，大山岩被炸出一段凹进陡峭岩壁的毛毛路。那天，我们一班人又在这段毛毛路上除渣。突然，我二哥杨亨弟大喊：

全体村民齐使力，努力攻克鸡冠梁

"快跑！快跑！要垮山！"

大家把工具一丢撒腿就跑，一方有一小间屋大的岩石，重重地砸在了刚才除渣的地方。我因为腿脚不便，跑得最慢。最后一道坎，有点高，我上不去，马兴喜和杨亨安转身使劲拉了我一把，才把我拉上去。只过了两三秒钟，那方岩石就砸了下来，正好砸到那坎前。

真是"屋漏又遇连夜雨"，本来就是残疾的左腿，公路修通后又受了一次伤害。一天，我帮我亲哥哥拆老房子，一面墙倒下时没跑赢，把我下半身压得严严实实。我昏了过去，醒来时，已被大家刨了出来，抬到送往医院的车子上了。当时，出下庄的公路虽然早已修通，但不凑巧的是，正遇公路塌方。这边车子把我送到塌方处，又电话联系那边请车子来接，才把我送到县医院。我的左大腿两处骨折，尿道都打伤了。受到了这二次伤害，我的残疾程度更加严重，做重活成了大问题。

我常说，人活着，只要还能动，起码要能自己挣饭吃。

儿子杨绍山15岁到广东打工，做电路安装。我想"拜"儿子为师，心想这个活劳动强度应该不怎么大，技术性也应该不怎么强。儿子听了很高兴，带我到广东，和他一起做电路安装。

儿子耐心教，我老老实实学。他教我看图纸，哪些是强电，哪些是弱电，弱电又分电话、电视、网络、对讲等，他都仔仔细细教我认。图纸上全是英文字母，我只上了几年小学，一个都不认识，只好硬记。

开始，按图纸预埋好的管线我忙活了好半天，以为完全正确，儿子对照图纸一检查，一下便看出了错误。儿子要求我返工，把做错的线路改正过来。他说，这样才印象深刻，以后才不会犯同样的错。

每天下班回到住处，我都要仔细回忆，管子怎么接，线如何走。如果出了错，我一定要想清楚出错的原因，在脑子里多回想几遍，加深印象，吸取教训。

我和儿子一起在广东做了七八年，越干越熟练。后来几年，拿到一张新图纸，儿子只需稍稍点拨一下，我就能做到安装不出错或极少出错。

无论是出门打工做电路，还是过去修公路，或是现在砌坎子，无论是认识的，还是不认识的，只要见到我腿脚不方便，都主动热心帮助我。我心里热乎乎的，内心充满感激。我总觉得自己要好好做事，要好好生活，才对得起这么多的好心人，才对得起现在的好政策、好社会！

立下"军令状" 改建回头线

口述/杨亨平 整理/尹君

人物档案

杨亨平，男，1958年4月生。现与重庆市巫山文化产业发展有限公司合办亨平小院民宿。

1997年冬天开始修路时，我39岁，浑身上下有使不完的劲，总是第一个完成指派的修路任务。

一天，张泽清找到我，讪讪地说：亨平，我家有点急事必须要到骡坪场镇一趟，你的任务也完成了，帮我出一天工，到时把工钱补给你。我没有丝毫犹豫就同意了。

三天后，老张拿着钱要补给我。看着五十出头的他，那张脸却被岁月的风霜雕刻出无数皱纹。他微笑的时候，我的心就有些发紧。钱本来就不好挣，要不是迫不得已，谁愿耽误修路呢！能帮一把就帮一把！于是，我握着他粗糙的手说，都乡里乡亲的，还补什么钱，力气去了有来的，以后别提补钱的事。

我粗略算了一下，修路的七年时间，我比别人多出一百多个工。我心里只有一个念头，就是早点把路修通，坐着汽车到山外更远的地方去看看。

2002年底，路修到大陡坡的地方"卡壳"了。这个地方土石松软，坡高路陡，打好的路基，砌好的坎子，第二天就垮了。垮了再修，修了又垮，接连垮了三次，修路进度止步不前。

原来负责修这段路的杨亨兵急得不得了，不想干了。村里不同意，说现在换人，别人也不会来接这个烂摊子。

杨亨平（扛娃之人）等村民热情陪同万州日报社记者钱犁等

　　无奈之下，杨亨兵找到我说：你修这种坎子有经验，你重新找几个人，我们一起把那段路修好。起初，我是不同意的，后经杨亨兵多次请求，我就同意了。我说：要我加入也可以，但还是以你为首和村里签一个协议，另外，做事的人由我找。杨亨兵高兴地答应了。除杨亨兵外，我又找到杨亨兴、张泽保、杨亨军、杨亨弟、杨亨保商量，联手把这块"硬骨头"啃下来。我的提议得到了他们的一致赞成。

　　2003年1月22日，杨亨兵代表乙方，签订了《原一社垮回头线改建协议书》，这份协议书至今我还保存着，上面是这样签订的：

下庄村公路第三回头线，由于地势的阻碍，无法建成，现职班子经过研究，并与原修建人员讨论决定如下：

一、在原规定的范围内，价格一律不变，由原建人员组织协商同意，调价壹万壹仟元，归现改建的人员所得，并与现职干部无关。

二、改建要求：在原建的基础上，重新向里进1~4米，加宽上线和回头，将下线向内进2~3米，以保下线基脚稳定，再将回头的直径由原先的10米缩小到9米，这样确保第三回头线的重建与稳固。

三、除改建的三个指数外，其余的一律按原村干部定的不变，原建人员的劳酬除去所用"三材"物资外，把手续办清后，再结剩余的差额价款。

四、修建期间，安全责任一律由乙方负责，工期在一个月内，保质期一年，一年内出现垮塌现象，概由乙方负责。

五、付款方式：待工程验收合格后，除去所用的"三材"物资款，按剩余的85%一次性结清，村里扣15%的保证金，待保险期满后再一次性付清。

协议签订后，我们连夜开了一个"七人会议"，制订了具体的改建方案和防护措施，第二天就带着工具直奔大陡坡。

此路段长150米，有三个急转弯。我们要修建的第三个回头线，弯急坡陡，难度特别大。由于土质松软，人往上一站，连脚带鞋就陷了下去，好不容易拔出脚来，鞋上又会粘满厚厚的黏土，行走十分吃力。杨亨兵和张泽保因此还受了伤，有了打"退堂鼓"的意思。

但签下了协议书，就等于立下了军令状。我安慰他俩的同时也大声吼道："抱怨有啥用！这个地方修了三次垮了三次，如果这次再修不好这段路，手指拇不是伸在别人嘴里咬吗，你们不怕丢脸，我怕！"

俗话说，"人心齐，泰山移"。我们七个人更加团结了，大家心里只有一个念头，就是早点儿完成任务。

我们的付出和艰辛感动了上天，接下来的十多天，大陡坡无风无雨也无雪，施工非常顺利，提前半个月就完成了任务。

转眼，时间到了2004年底，农历腊月十九那天，杨亨兴、张泽保、杨亨军、杨亨弟、杨亨保等人来到我家商量修路工钱的事。

杨亨星说，修大陡坡那段路是我找他们干的，他们也是冲着我的面子才干的。不但提前完成了任务，质量也没得话说，一年的保质期也过去几个月了，什么问题也没发生，马上就要过年了，要我联系一下付工钱的事。

其实，我也找过杨亨兵和村里谈过兑现改建工程款的事，但村里穷呀，公路后续的建设还差不少钱。

大家你一言我一语，屋里早已炸开了锅。但一想到村里的现状，我以商量的口气对大家说："兄弟们，改建大陡坡的协议虽说是杨亨兵代表我们签订的，但实际上是我牵的这个头。改建任务完成后，我也找村里说过此事，但现在村里拿不出钱，怎么办？不可能把村干部的房子卖了，更不可能把修好的路拆了。"

听后，他们个个都低垂着头。我看机会来了，便说出了我心中酝酿了无数次的想法：现在村里穷，虽然路修通了，但百废待兴，不如把这些钱捐了，大家怎么看？

听完我的话，大家的头埋得更低了，个个沉默不语。

我接着又说，没拿到钱是损失了一些，但换回一个良心安稳，现在路修通了，坐车到镇上随便卖点包谷、洋芋，不就把那点钱挣回来了？更别说一年卖几头猪挣回的钱了。还有，像沈庆富、黄会元、刘从根、刘广周、向绍平、吴文正这些为修路牺牲的人，他们想捐还没有机会，我也想以这种方式，祭奠一下为修路牺牲的兄弟们。

也许，这些话正击中了他们心中最柔软的地方，揭开了任何人都不愿不想不敢提及的伤心事。良久，杨亨兴、张泽保、杨亨军、杨亨弟、杨亨保慢慢抬起头，不约而同地大声说道："那就捐了"！

11000块，对我们来说真不是一个小数目，何况，当时我们几个家庭都穷得叮当响。特别是我，上有70多岁的父母要赡养，下有两个小孩要养育，中有老婆生病，我常常发愁。但乐观豁达，总不是一件坏事吧，只有齐心协力把路修通才是天大的事。

生日历险记

口述 / 张祖清　整理 / 尹君

人物档案

张祖清，男，1966年3月生。现与重庆市巫山文化产业发展有限公司合办祖清小院民宿。

最难忘的经历是1998年3月17日。那天我过生日，当时想着早点收工，晚上回去喝口酒庆祝32岁生日。没想到，那天差点丢了性命。

那天的天气有点反常。前几天还冷飕飕的，天一直阴沉着脸，私钱洞一带的野花要开不开的。但我生日的那天，天高云淡，艳阳高照，山涧、树林里的鸟叫声比平时要清脆很多，响亮很多。

天气好，心情也好，干活的进度就快。一段两米多宽的毛路要扩建到六米，我和杨亨双、刘崇龙三人的进度要比别人快不少。当时，我们在一偏岩下打好炮眼。装填好炸药，点燃导火索，当看见导火索"吱吱"往后燃时，我们拿着钢钎、锄头等就往10米开外的掩体跑去。刚躲好，炸药就响了，震得大地都在抖，乱石乒乒乓乓地飞。没过多久，我们正准备从掩体出去时，头顶倒扣着的一方岩石上窸窸窣窣往下滚石子，声音越来越大、石子越滚越多，不断地从掩体上方往下砸。

不好！要垮山。我惊叫了一声，冒着被滚石砸中的危险，拉着杨亨双和刘崇龙拼命往外跑，跑开不到20米，一块十多见方的山体就从山上塌了下来，掩埋了刚才我们的藏身之地，也砸毁了刚修的那段路。

看见塌下来的山体，我们三人吓得腿都软了，瘫坐在地上好久站不起

张祖清儿子张平（前三）、张发（前四）与同学在上学路上

来。听见响声，陆续有十几个人朝我们跑过来，见到我们没事，安慰和提醒了几句后，又陆续走开干活去了。

"一波刚平，一波又起"。中午一点多钟，我们在岩洞里吃完午饭，顾不上休息，打起精神来到工地，看着上午被砸毁的公路，心里酸酸的。杨亨双说："看来今天的路是白修了，一下午都清理不完这些泥巴、碎石，更别说还要再修一段路。"

刘崇龙对杨亨双说："别说泄气的话，能往前赶一截是一截，少抽几袋烟、少喝几口水、少说几句废话，多争取一点时间出来，就不相信我们这组搞不赢其他组。"

我说："崇龙说得对，只要大家心往一处想，劲往一处使，少打嘴仗多干活，就能把损失的时间和工期抢回来。"

太阳一点一点朝山后落去，道路上的那些泥巴、碎石也在一撮一撮减少。下午五点钟，在清理路面上最后几撮箕泥巴时，猛地听到一声巨响，不少人朝着塌方的地方跑去。我们三人丢下手里的锄头和撮箕，跟着跑了过去，只见灰尘满天，锄头、撮箕、钢钎等修路工具散落一地，一个用竹条编织的安全帽挂在一根树枝上轻轻晃荡。不少人捡起地上的工具不停地刨着乱石和杂草。

一打听，原来是杨亨金班组在放炮时，同样遇上了山体垮塌。刘崇龙说："这么大的阵势，估计人已经被乱石砸死了。"

我大吼一声："那还耽误什么，赶紧搬石头找人啊!"

时间一分一秒地过去，五分钟后，尘埃落定。山体垮塌上方传来一声喊叫："大家抬起头看过去，"只见杨亨金艰难地从一个石头缝中往外爬。

人们蜂拥上去，紧紧抱住杨亨金。惊魂未定的他颤抖地说，塌方的时候，他正好卡在两个石头缝之间，才侥幸捡了一条命回来，真是被吓惨了。

我走上前，拉着杨亨金的手说："走，跟我回家喝酒去!"

杨亨金说："命都差点儿就没有了，哪有心情喝酒。"

我说："今天我过生日，喝酒不是为了庆祝生日快乐，只为我俩死里逃生。"

说完，我和杨亨金一步步朝着山下走去。

看着我们离去的背影，在场的人都哭了。

不拖后腿

口述 / 王祥山　整理 / 尹君

人物档案

王祥山，男，1960年7月生。现与重庆市巫山文化产业发展有限公司合办元琴小院民宿。

我的小儿子吴军朝1986年1月出生，打小就病恹恹的。那时家里穷得揭不开锅，根本拿不出钱为娃娃治病，只能熬着，听天由命。由于不通公路，不能把娃娃送到山外的医院治疗。病得下不了床的时候，就找当地土医生来看一下。土医生也说不清楚得了什么病，就找些草药熬着喝，喝得上吐下泻，鼻血长流。他最终没熬过1996年那个冬天，刚满十岁的娃娃，就悄无声息地走了。

小儿子的死，对妻子的打击很大，她一天病恹恹的，打不起精神。时间长了，我也有些烦，但又不敢发作，怕她出点儿什么事，这个家就完了。好在大儿子王元琴特别懂事，放学做完作业后，就帮着做些家务，为妻子分担不少。妻子经过一年多的调养，情绪也慢慢平复不少。

转眼到了1997年的冬天。刚接任下庄村党支部书记的毛相林宣布修路的决定时，我开始是不赞成的。给娃娃治病借的钱到现在也没还清，哪来的钱集资修路？我觉得在这穷山恶水的下庄要修一条出山的路，比登天还难。

我们两口子参加完修路动员会，刚到家，妻子就说："本来我一个女人家只晓得喂猪煮饭，不晓得什么大道理，但我只认一个理，就是我们家再也不能有人活活病死而找不到出山的路。"还有，毛相林是叔伯哥哥（俚语，意为叔叔或伯伯家里的儿子），他是支书，他决定的事不会错到哪里去，作为他的亲戚，就应该支持他，绝不能拖他后腿。

说实在的，这些话从一个大字不识一箩筐的农村女人嘴里说出来的时候，还是震撼到了我。我陡然清醒了，对，就跟着毛相林干，不拖后腿！

1997年农历冬月初八，我们下庄人终于在一个寒冷的大雪天动工修路了。妻子也逐渐走出了阴影，一心扑在修路工作上，在工地烧水煮饭。

当时，家里喂了三头大肥猪，妻子常常煮完猪食，留下13岁的儿子王元琴看家，千叮咛万嘱咐要注意安全，才背上粮食一步三回头地来到工地煮饭，一煮就是半年。

修路最险的要数私钱洞至鸡冠梁这段。听老人们说私钱洞是过去那些人为了生存，逃避官府追捕，私自造钱的一个岩洞，洞底阴森透凉，终年不见天日。私钱洞对面就是鸡冠梁，其最宽处不超过一米，窄的地方不超过一尺，形状如公鸡的头冠，因此得名。又因长年风吹雨打，日光暴晒，岩石风化得很厉害，搬一块掉一坨。岩上的千年古树也摇摇欲坠，随时有"翻蔸"的可能。在这里修路，我们的心随时都提到嗓子眼儿的。

我们处处小心，但还是发生了意外。1999年8月，年仅26岁的沈庆富被峭壁上落下的石头砸中头部，滚下几百米高的悬崖牺牲了。没多久，意外再次发生，当黄会元正抱着钻机在悬崖上打炮眼时，同样被山上滚落的石头砸死了，那年他才36岁。那么年轻的生命，就在短短50天的时间里，相继离开了我们。

王祥林（右三）和驻村干部方四财、村民郭光清等在私钱洞工地烤火饮酒驱寒

在为黄会元送行的那天晚上，看到黄会元悲痛欲绝的家人时，毛支书无比愧疚地问大家："如果再修下去，可能还会死人，今天大家表个态，这路到底还修不修？"

"修！修！修！"我们举着手臂高喊着，修路的声音划破夜空，在山谷里久久回荡。

沈庆富、黄会元两人的牺牲，使私钱洞这一带变得更加阴森恐怖。夜幕降临的时候，更是觉得身后站着一个人，后背凉飕飕的。绝大部分人晚上再也不敢住在山洞里守雷管、炸药等物资了。毛支书也举棋不定，不好直接安排哪个去守。

"我们作为他的亲戚，就应该支持他，绝不能拖他的后腿！"想着妻子的话，我便主动揽下晚上守物资的任务。但晚上一个人睡在漆黑的山洞里，心里总是悬乎的，生怕一不小心就像黄会元他们一样，掉下悬崖。为了壮胆，我不得不点上一盏煤油灯，山洞里倒是明亮了不少，但也招来了成群的蚊子，咬得浑身是包。山风吹进来，灯光在晃动，映在洞壁上影子也跟着晃动，很瘆人。有一次，睡下没多久，我一伸手，便摸到了一截像塑料水管一样的东西，掀起铺盖一看，一条有酒杯粗、扁担长的菜花蛇也蜷缩在铺盖里，我不由得大叫了一声。听见叫声，那条蛇快速地钻进旁边的一个石头缝里去了，我拿着一根树枝捣鼓，它始终没有出来。我一夜无眠。

说心里话，夜晚在深山老林里值守，不害怕是假的，但一想到因修路而死去的那些人，想到妻子对我说的那些话，真是为我壮胆不少，每晚雷打不动地来到私钱洞，守着那些无比金贵的雷管和炸药，一守就是三年，直到公路修到羊角垴，山势变得相对平坦了一些，雷管、炸药也相对用得少了一些，我才没住山洞守物资了。

2009年，大儿子王元琴结婚，婚后与他老婆陈红梅一起到重庆从事医疗器械销售工作，在小两口的多次要求下，2011年，我们老两口搬到重庆带孙子。2021年初，在村委的号召下，我们一家五口从重庆返回下庄村，种上了柑橘，翻新了房屋。在村里的倡导和帮助下，我们与重庆市巫山文化产业发展有限公司合作经营了一家以儿子的名字命名的"元琴小院"民宿，现在有七个床位，生意不错。想到这些，我们一家老小总有使不完的劲。

我是"水神"

口述 / 张国香　整理 / 徐永泉

人物档案

张国香，女，1949年9月生。

我丈夫周述林，开始也是和别的男人一样，挖，刨，砌大坎……不管哪种工作都做。

但做了一段时间后，老周的甲亢病慢慢加重，起初是舌条肿、腿肿，后来身上很多地方都肿，直到路都走不稳，话都说不转，但饭量还是一直很大。那个时候不懂这个病，我以为，他既然吃得，不管哪个病，总不会有好大的问题。虽然吃得，但重活做不了。后来只能在工地上背水。开始一次背20斤，一段时间后背不起了，就背10斤。后来10斤都背不起了，只好回家。

这之后，我就上山替他修路。一个妇女家，又是50多岁的人了，能做哪样嘛，主要就是煮三顿饭，让大家吃饱。

煮饭要水、要柴。我每天要到鱼儿溪背三趟水。尽是上坡，尽是小路，背一趟水来回将近两个小时。背上背一大桶，50斤，手里提一小桶，10斤或5斤。路上要经过一架岩，岩上绑着一架梯子，梯子上拴着绳子，每次都要揪住绳子慢慢走。下梯子前，就把提的水桶放在岩上，先把背上大桶水背下岩，再爬梯子把小桶水提下来。

村民看到我很苦很累，也很心疼，放工后看到我还没回来，便时常去接我。修路不幸牺牲的沈庆富，是我一个远房姨侄儿，他去世前就接过我好

张国香攀爬在悬崖绝壁，背水、运送生活物资

多回。我当年背水的照片，还被记者拍下来，现在挂在陈列室，大家都叫我"水神"。

我尽力想办法把饭菜弄好点，尽量让大家吃得舒服些。我一直坚持一条：每天早饭和午饭，不光要让大家吃饱，还要尽量吃好。大家带上来的肉，我都是计划着，安排在早晨或者中午吃。晚上一顿稍微差点，不炒肉，油水也差一些，但要保证大家把肚子吃饱。我背水的时候，就找一些路边的人户要菜，如青广椒、白菜、包儿菜、萝卜之类的。只要开了口，人家知道我们修路，一般态度都很好，好多人家都舍得给。要回这些东西，就给大家一顿多做两个菜。那时基本上没得米，面条都很少，主粮就是包谷面。一般还从屋里带些干洋芋果、干薄洋芋片、萝卜干儿。我有时炒，有时打汤，有时做凉菜，有时放这样佐料，有时放那样味道……总之，尽量变换花样，做出不一样的口味。

有年冬天，大家家里确实都没得吃的东西带了，四组小组长杨亨华说，哪个如果想得到办法弄到吃的，就赶紧弄起来，到时收粮食了，再算账补。我跑到一个亲戚家借了50斤包谷，加工成46斤包谷面，当天就背到工地，夹到洋芋果、萝卜、蔬菜煮给大家吃，还让大家吃了一好段时间呢。后来田里粮食收了，我也没再提起这件事。我想，我是一个妇女，出的力没得男人多，就当为下庄修公路多做了一点儿事情吧。

那些年，大女儿周玉琼小学毕业后，没钱上初中。我就专门到骡坪中学去找校长，说明情况，想请校长想想办法。校长听了，也很同情，同意免费收女儿读书，但要自己找旧书。女儿找到旧书，读了一学期，就没再读了。我把她狠狠打了一顿，骂道："你怎么这样不听话呢？别个想读都读不到，学校免费让你读你还不读！"女儿觉得很委屈，边哭边说："那些旧书，上面的题目都是别人做过的，都写有现成答案，我读起一点意思都没得……"

之后，县领导谭观银来到下庄公路建设工地。我听说来了县领导，就跪在这人面前，讲了我女儿读书的情况。他二话不说，当场就表态："你女儿的学业不能荒废，从现在起，她的书本费和学费由我承担，从下学期起，继续在骡坪中学读书，读到哪里算哪里。"

懂事的女儿看到爸爸生病在家，我在岩上为修路背水、煮饭辛苦，妹妹又小，家里又困难，初中毕业，就坚决地说："我以后如果还读书，你们恐怕要连饭都吃不起了！"非要去打工。县领导谭观银知道后，就把她介绍到县城巫峡宾馆上了班。

现在，下庄人的日子比过去好过得多了，不要说年轻人，就是我们老家伙，现在也很享福。好多年也没走过老路了，出门都坐车。我们老周，可能因为现在生活条件越来越好，也可能因为现在医疗技术和药物也都越来越好，经过治疗和休养，他的身体比过去有了很大好转，身上一点儿都不肿了，说话也恢复了正常，只不过甲亢病还没完全除根，要长期吃药控制起。后来他眼睛又得了白内障，做了手术，效果不怎么好。但总的来说，他身体能恢复到现在的样子，我们做梦都没有想到。

修炮杆

口述 / 张胜生　整理 / 徐永泉

人物档案

张胜生，男，1956年11月生，下庄林间民宿原房主。

从鱼儿溪上去不远，杨自文家开有一个铁匠铺。下庄修公路时，我开始几年主要就在他家铁匠铺修工地上打炮眼用的炮杆。

我们那时从早到晚为工地修的炮杆，大部分都是四五尺长一根，最短的也有两三尺长，整个工地上用的炮杆，都是经我的手修过的。

最开始，整修出几根炮杆送到工地上，打炮眼的人用了后，给我带信说，炮杆前端的口子稍微打宽了，带回来回一下炉，把口子改窄一点。我们就按他们说的，一根根回炉，把口子都改窄了一点。回炉后的炮杆再带回工地，他们一用都觉得合适了。之后，再没得哪个说什么，就按这个标准一直做下去。

我做了大概三年。后来，工地上有了空压器和凿岩机，可以自动打炮眼，渐渐地，就用不上炮杆了，我就没再做修炮杆的工作。

之所以从一开始就专职修炮杆，这跟我会一点儿铁匠手艺有关系。

农村有个说法，"为人不学艺，挑断撮箕系"。我30多岁时，想学门铁匠手艺，就到两坪乡一个铁匠铺拜师学艺。那时候，家里事情多，从家里到两坪乡师父家路程远，也不好走。我学一段时间又回家，学一段时间又回家，没有好好坚持，住下来学的时间加起来才一年左右。在师父家学，也是"一心挂两场"，经常想到家中田里的庄稼、上年纪的老人，很难安下心来学。

后来，我还是打算把手艺学好，一门心思干这一行，又专门把师父请到下庄，开铁匠铺的设备、工具都置备齐了，如炉子、风箱、砧子、大小钳子、大锤二锤……砧子还是熟铁的，比生铁砧子要经久耐用蛮多。师父不光帮助我置办所有设备、用具，还手把手带我打了很长一段时间的菜刀、猪草刀、镰刀、薅锄、挖锄、铧、斧头这些农村常用的铁器。

师父走后，我技术没学到手，单独一人打的东西到底差把火。除了很简单的东西，其他的都不敢接，再加上田里活路多，只好把打铁这门手艺完全放弃了。直到今天，屋里还有落满灰尘的风箱和一些锈迹斑斑的钳子、锤子等工具。现在想起来，还是很可惜的。

我一个名叫张泽军的侄儿，在下庄的出山公路开工修建几年前就得病去世了。修路时，侄儿媳妇在家带两个孩子，实在没有办法，我就帮她家完成任务。同样的时间，因修路的任务比别人多，我只好每天多做一会儿。侄儿媳妇到现在对我当年的帮助都牢记在心，碰到我都要说一番感激的话。两个小孩现在也早就长大成人。老大叫张祖凤，对我像亲爷爷一样，十分孝顺。去年我因为脑梗，在县城住院，一个多月时间不能吃饭，不管吃什么都要吐。张祖凤赶紧从务工的山东回到巫山照顾我。一共花了五万多块，差不多都是张祖凤给的。

下庄村民齐心合力推石头

下庄过去条件差，我和二哥打了一辈子光棍。前几年脱贫攻坚，国家给我两弟兄都盖了新房子，亮亮堂堂、舒舒服服。二哥和我房屋相连，住在一起，生活上互相照应。虽然我们两兄弟都没有亲生儿女，但常常有侄儿侄女、熟人好友来看望我们。国家给我们每人每个月发接近千块的五保金，生活还是很不错的。

我们家的土墙老房子经过重庆市巫山文化产业发展有限公司加固、改造、翻修、装饰，现在就和别墅一样，取名"下庄林间"，时不时有从全国各地来的人住宿呢。

兴路希望

我和毛支书合村也合心

口述/杨元富　整理/冯凌云

人物档案

　　杨元富，男，1969年8月生，2003年7月加入中国共产党。曾任下庄村党支部书记，现任下庄村党支部副书记。

　　我住在下庄村一组，原来叫两合村，2004年12月与原下庄村合并为新下庄村。从地理位置看，两合村在山顶上，老下庄村在山脚下，很多人习惯把原先的两合村称为"上庄"。其实我们都住下庄村，我们都是下庄人。

　　我家是下庄人外出的必经之路，所以我对下庄人特别熟悉，加上下庄亲戚多，联系就更多。在我的接触当中，一直觉得下庄人特别吃得苦。修路之前，下庄人进出全靠走路，到乡政府要走大半天，到骡坪要走一整天，到县城就更久了，当然，那时也很少有人去过县城。那个时候，很多人大半夜还打着电筒赶路，实在走不动了，就在半途中找亲戚朋友寄歇。莫看下庄以前交通不便，但下庄是低山、土质好，适合种植麦子、芝麻、油菜等农作物。我那个时候往下庄跑得多，也经常带回来一些下庄的土特产。

　　1997年，我听老下庄人说要修路，有些不敢相信。修路不是耕田种地，既需要大量资金，也需要技术，还需要人力。当时全县大部分村公路都还没有纳入规划，全靠村里百多劳力打硬拼，怎么可能？但没过多久，下庄人真就在山上炸响了修路的炮声。这也符合下庄人的性格：敢想敢干！他们以前建电站、修大堰就是靠人力背出来、挑出来的。下庄人也想用这股劲修出一条出山路。

　　下庄人的这股劲让人佩服。那个时候，全村人投钱购买的炸药物资从县城运到"上庄"后，大部分寄存在我家里。每次背运到工地的时候，全村男女老少都出动，一车物资几个来回就背完了。看到这个阵势，我就断定下庄人肯定能把路修通。因为下庄人齐心啊！我有个亲戚常年生病不能上工地，他的妻子二话没说就顶了上来，在工地煮饭，比一般的男人还吃得苦。后来，工地上牺牲了几个村民，他们仍然接着修。凭着这股劲头，下庄人硬是在山岩上拼出了一条公路。我虽然没有直接参与下庄修公路，但我见证了他们的艰辛和干劲。

2004年，我们原两合村的九、十、十一3个社与原下庄村合并，我担任新的下庄村党支部书记，毛相林担任村委会主任。说实话，我当时压力很大。下庄村因为修路有了很高的知名度，我能不能带好这个村，老下庄村民能不能接受我这个过去的外村人，我没有底气。但我这个人是个直肠子，没得弯儿拐儿，再加上我和毛相林是亲戚，关系不错，说话很随和，以往也在一起做过事。上任后，我和毛主任配合得很好。比如在管护公路方面，每到冬季农闲的时候组织村民义务投工投劳，挖水沟，平整路面，大家仍像当年修路一样，没有人偷懒、打退堂鼓。看到外面务工的很多，我们就搞劳务输出，动员村里的青壮年外出务工，一人带动一家，一家带动一片，很多家庭靠务工过上了好日子。每年务工人员春节回家的时候，我们都要组织他们座谈，嘱咐他们遵纪守法，勤劳致富。

一个村的长远发展，还需产业带动。老下庄村土壤肥沃，气候湿润，适合种植水果。2014年，在毛主任的带领下村里开始尝试种植柑橘。毛主任在群众中很有威信，过去修路就是他领头修的，搞柑橘产业也很热心。为了全面抓好下庄村的发展，我和毛主任在工作上进行了分工，他负责低山"老下庄"的柑橘，我负责高山"新下庄"的烤烟。涉及一些具体工作，我们一起开群众会，一起出谋划策。我和他不光是嘴巴上说，还带头干。毛主任在发展柑橘产业时，自己带头种植了10多亩。我也一样，每年种植烤烟40多亩，带领老百姓一起干。我们两个起了示范作用，村民也信任我们。经过多年的尝试，下庄村形成了高山有烤烟、低山有柑橘的特色产业。

2021年，下庄村支两委换届，要求支书、主任"一肩挑"。毛相林当选村支书、村委会主任，我改任村党支部副书记。当时很多人认为我会有情绪。其实，我真没想那么多。我从事村干部工作几十年，最懂得一点，那就是服从组织安排。再说，毛相林和我不管是私交还是工作上都合得来。我担任支部书记期间，他支持、配合我；他当支部书记，我肯定支持、配合他。

下庄村副支书杨元富（右二）与毛相林（右一）在愚公讲堂开展工作

在实际工作中，我们也是这样相处的。这两年，县里对下庄村投入很多，我们村上的工作也更烦琐。比如建民宿，这是个很好的项目，由公司对村民的房屋进行改造，村民不出钱还可按比例对收益进行分成。当初在启动的时候，很多村民不理解，认为赚不到钱。那些天，我们几位村干部轮流上门做村民的工作，房屋较宽的几户村民同意建民宿，并签订了协议。很多村民都抱着观望的心态，看到别人搞起来了，也跟着想搞。殊不知，村里规划的民宿有限，后来想搞的纳入不进来了。这样一来，有的村民就有意见，我们又只好挨家挨户做工作。

这两年，下庄村的建设项目多，我们既要做好村民的工作，还要与施工企业做好沟通，头绪多，时间紧，任务重。毛支书出差多，很多事情需要我具体来做。但在工作中我不越位，需要一起研究的，我事先向毛支书说明汇报，即使他在外出差，我也要打电话征求他的意见，不擅自做主。有的群众说，我和毛支书像兄弟一样，在工作中配合得很好。这也是这么多年磨合出来的。有时候，我们在工作上也有分歧，但相互之间不耍心眼，有什么当面说，在共同商量中达成一致。在这样的工作氛围中，大家都有动力，都有干劲，工作也有效果。

我和毛支书还有个共同的特点，就是敢说直话，敢于"逗硬"。我弟弟是村医生，2020年他的娃娃考取大学准备整学酒。我当时就提醒他不准搞，可他不听劝，背着我自作主张整酒。事后，我按照规定扣除我弟弟半年村医生补贴。起初，弟弟很不理解，认为我没有替他说话。我当时就来气，把他骂了一顿。后来看到村里再没有人整无事酒，弟弟也消除了对我的误会。我也经常对亲戚朋友说，说话做事不能由着自己的性子来，要懂道理，讲规矩，听招呼。

现在的下庄村变化很大，可以说是翻天覆地。从产业看，低山有柑橘、有民宿、有旅游，高山有烤烟、有核桃；从人才看，很多大学生和务工青年回到村里，或创业或担任本土人才，这也是推进乡村振兴的基础和保障。我们要做的工作就是做好宣传动员，落实各项惠民政策，带领群众实打实地干。

村干部，就是要在村里多干一步。多年的村干部经历让我有"三得"体会：为群众做事要吃得苦、吃得亏、受得气。

我为下庄天路打基础

口述 / 杨自安　整理 / 尹君

人物档案

　　杨自安，男，1965年9月生，1987年11月加入中国共产党。曾任原两合村党支部书记，现任下庄村综合服务专干。

　　1972年3月，年仅29岁的母亲永远离开了我们，那年我未满七岁。母亲的病逝，加剧了家庭的贫困，父亲艰难地送我上完小学后，再无能力送我继续上学了。走出大山到外面的世界去闯一闯，是我当时最迫切的愿望。

　　1984年10月，19岁的我应征入伍，去云南省建水县当了一名边防战士。在部队，我积极参加各种军事训练、认真加强各种理论学习，各种表现都得到了部队领导的表扬与认可，第二年我就当上了班长，1987年，我光荣地加入了中国共产党。正当我意气风发，想在部队有一番作为时，却遇上了全军"百万大裁军"，加之文化水平有限，1989年2月，我便从部队退伍，回到了生我养我的家乡。

　　退伍后，我继续保持和发扬着军人的优良传统和作风，干事精练、不拖泥带水，对人热情、不假心假意，很受村里人喜欢。1990年1月，我便当上了原两合村的党支部书记。

　　当时两合村的自然条件比周围村社要好一些，但还是穷。"要想富，先修路"这句口号在当时很流行。

　　1996年9月，两合村村委一班人商讨，决定将鱼儿溪至竹贤乡主公路刘修坤处（小地名碓窝子底）这900多米的羊肠小道修通，连通到乡政府的交通要道。

一开始我就遇上了田培林这个大麻烦。规划线路要从他的地里经过，他知道后，死活不同意，怎么做工作都不行。

　　看到这情形，我当兵人的血性一下就被点燃了。那天，村委一班人又去做工作，任凭我们苦口婆心，他依然我行我素，他的老婆也在一旁帮腔，还说了一些不堪入耳的话。气得我跳到一个半人高的土堆上，大声说道："村委一班人是为了广大村民的利益才决定修路的，并不是为我杨自安修路，你们要以大局为重，俗话说，远亲不如近邻，何况我们既是亲戚，又是近邻，修路这种'功在千秋，利在当代'的事，怎么就想不通呢！再说，占了你们的田，还要给一定的补偿，怎么不懂道理呢？"

　　困难像弹簧，你弱它就强。另外还有两家也准备为我们修路作梗的，见我一通火气一发，便打消了出难题的念头。没过几天，我们就顺利完成了线路规划。不到两年时间，便修通了鱼儿溪至竹贤乡主公路900多米的机耕道。

　　这段路后来在两合村老百姓的支持下，下庄人通过改扩建融入了今天的"下庄天路"。两合村修路任务刚结束，1997年冬月，在一个寒风刺骨的大雪天，老下庄村村民在毛相林的带领下，也在鱼儿溪畔炸响了向封闭与贫困宣战的开山炮。

　　下庄村与两合村一衣带水，他们在"天坑"底部，我们在"天坑"边缘处。我深知修路的难，更何况他们是在绝壁上凿"天路"，难度更是难以想象。

杨自安（后排一）和驻村干部、村干部等一起在村委会商讨工作

一天，我在两合村委会上以商量的口气征求大家的意见，说："下庄村已向绝壁天路发起了猛攻，我们村为他们打个助攻如何？"在场的人纷纷表态，"要得，但就是不晓得这个助攻怎样打？"

我说："他们从下庄村运物资上到鱼儿溪不容易，往下走一段路就容易得多，回来还空着手。我想在下庄村修路期间，我们两合村做一些后勤保障工作，给他们送一些东西去。"大家纷纷表示赞同。

倡议发出后，村民们纷纷捐款捐物，田培林表现得尤为突出，第一时间就送来了一条名犬牌香烟和两瓶诗仙太白酒，还笑着对我说，用这种方式支持下庄村修路。

据不完全统计，在下庄村修路的这七年时间里，原两合村村民为下庄村村民送去的米、油、酒、衣服、香烟、白糖、钢钎、铁锤等物，折合人民币共9700多块。虽然数额不大，但体现出了两村人"血浓于水"的深厚情谊。

下庄人通过七年艰苦卓绝的努力，终于凿通了八公里长的绝壁"天路"。

2004年10月，原两合村与原下庄村合并成新下庄村，我服从组织安排，担任下庄村综合服务专干工作至今。

"村看村，户看户，群众看干部。"这句话形象地揭示了党员干部在广大人民群众中的作用和责任。但我是这样理解的，如果村里一名党员干部连自己发家致富的事情都搞不上去，如何能发挥模范带头作用？现在我们家有7亩多地，其中3亩是租种本组村民杨元国的地。他长年在广东打工，田地荒芜多年了，前年我租过来种上了柑橘，现在已经开始挂果。另外，老婆每年喂至少4头肥猪，每年卖两头，加上我每月有2000多块的村干部报酬，闲暇的日子里，就近打一些零工，一年下来，也可挣个万儿八千的，全家基本生活开支还是绰绰有余，但余而不富呀。现在国家乡村振兴战略如火如荼地进行着，下庄村旅游也逐渐火热起来，我新开的"韵竹农家乐"招牌也挂上了，准备借此契机大干一场。在自己经营农家乐的同时，我积极动员本村村民阳开桂等家庭也经营起了农家乐。

2022年8月3日至4日，我们下庄村10位村民到湖北店子坪村、重庆巫山的邓家乡、红椿乡等地的农家乐进行了实地考察，找出了差距，也看到了生机，找到了与别人不一样的发展优势。这次考察为我们村发展农家乐和本地特色产业增添了信心和后劲，我们心里都憋着一股不断向前涌动的劲儿——把下庄村建设得更加美好！

从县城回下庄

口述 / 陈祖英　整理 / 冯凌云

人物档案

陈祖英，女，1967年10月生，2000年5月加入中国共产党。曾任原下庄村妇女主任，现任下庄村村民监督委员会主任，开办了祖英农家乐。

1988年，我从邻近的阮村嫁到老下庄村。那一年，我21岁。

那个时候，下庄村地方偏远，"交通靠走，通信靠吼"，我们守在村里种田，一年忙到头也只能填饱肚子，日子过得很艰难。

人不出门身不贵。1994年前后，村里的年轻人纷纷外出务工挣钱。丈夫也坐不住了，跟着亲戚和熟人在县城周边包揽工程，修路、打桩基、建房子、挖土方，与建筑有关的工作都干过。凭着吃苦耐劳的干劲儿，挣到了一些钱。

1997年，村里决定修路。哪怕在外面能挣钱，但说起修路我们一点都不含糊。因为不通公路，我们进进出出全靠走，买东买西全靠背，吃了不少苦，受了很多累。一听到修路，丈夫就赶紧丢下承包的工程，回家承担修路任务。修了一段后，工程老板催得很紧，恨不得要找上门来，丈夫只好回到了工地。

修路每家每户都有任务，不能耽搁，没办法，只好我顶上来。我的主要任务是安排伙食。在山上煮饭不比在家里，既要弄柴还要背水，遇上吹风下雨，柴火烟子四处乱窜，熏得人睁不开眼睛。

比起修路，我们要安全得多，但还是提心吊胆，害怕工棚后面滚石头

时任妇女主任的陈祖英（中间粉色衣服）在工地上生火做饭

或塌方。有一段时间，山上连续下雨，我怕后山垮塌，就找了一根五六寸的木棍，插在工棚里的岩石和地面之间，每天都要观察木棍的变化情况。没过几天，我发现木棍被压弯了，就对吃饭的工友们说，放炮把顶上的岩石震松了，可能要垮哟。工友们以为我在说笑话，根本不相信。没想到隔了两天，"轰隆"一声，塑料布上方那块巨大的岩石真的就垮了下来，幸好工棚里没人，不然十多个人都要被砸成肉饼。我的一次细心之举被工友们传得神乎其神。

2004年，公路正式通车。为了两个娃娃读书，我们搬到了巫山县城。那一年，我37岁。

搬到县城后，丈夫继续在外面做工程，日子也还过得去，可我闲不住。看到街上的裁缝铺生意不错，我在下庄村做过裁缝，就在家门口的巷道里支了一台缝纫机，做些缝缝补补、安拉链、挑裤边之类的手边活，又在神女大道的平台上摆上一只蜂窝煤炉子和一口锅，卖炕洋芋。后来，我还跟着朋友到保险公司去学习，跑了好几年保险。

2014年，听说村里发展柑橘产业，我觉得是个好门路。一是下庄村气候好，适合种植水果，二是水果价钱和产量高，比种传统的粮食作物要实惠。我又急急忙忙跑回下庄村，花了三四天时间，把六亩承包地全部栽上了。四年后，柑橘树开始挂果，看到了效益。后来，村里的柑橘托管给一家公司，我们轻轻松松在家里分成了。

2021年春天，我回下庄村察看柑橘长势。一进村，我就傻眼了，原先冷清的公路上停了好多车，到吃中饭的时候，村里唯一的三合院农家乐接待个三五桌没问题，要想安排十桌八桌就铺排不开了。更焦心的是，小卖部的方便食品全部卖空了，几户农家的面条也被饥肠辘辘的游客吃了个精光，不少人还饿着肚子开车回家。看到这个情景，我就想开个农家乐。我的想法得到了丈夫的支持。没几天，我就把邻居空闲在路边的房屋租下来，盖了厨房，添置了几张桌子和必要的设备，半个月后，我的农家乐就开始营业了。

那一年，我54岁。

这几年来下庄村的客人多，农家乐的生意不错，一年有几万块的收入。

我这个人快人快语，性情耿直，与左右邻舍合得来。村里觉得我人缘好，村民觉得我信得过，便在村民会议上推举我为村民监督委员会主任。

监督委员会是村委会和村民之间的一座桥梁。群众有疑问的，监督委员会就有责任了解清楚，再向群众解释、宣传；干部推行工作遇到阻力，监督委员会就会主动与群众交流，摸清底数，找到办法之后再反馈给干部。这个时候，我就是"磨心"和中间人，两头多跑路，化解矛盾和分歧，达成共识。

要做好群众的工作，自己也要带好头。我居住的老屋二十多年了，处于传统村落的核心区，属于这次传统村落改造项目实施的范围。施工队伍进场前，村委会召集涉及的所有农户开了一次协调会。听说自己不用掏一分钱，政府帮忙来打理房屋，这真是天上掉馅饼的好事！我举双手赞成，报名第一个实施改造。

当天的会上，村支书毛相林宣布，为便于统筹工程进度，节约施工成本，决定从山脚开始按照从下向上的顺序推进。我家住在村上头，意味着是最后一批，改造只能往后推。说实话，我当时心里有些不乐意，但想到自己是党员，还兼任村民监督委员会主任，要服从村里的安排。

这几年回到下庄村，一天忙到黑，但心里觉得踏实有劲。更高兴的是女儿也从重庆主城回到下庄村创业。最初我不同意，觉得在大城市门路多些，回来做事不划算。当我把农家乐开起后反倒觉得下庄村的机会也不错，就转而支持女儿的想法。她最初回来在陈列室当讲解员，协助村里做些事情。现在利用改造后的老土房创办了一间工作室，把下庄土生土长的枇杷叶、板蓝根等植物碾碎调成不同颜色，在太阳帽、T恤衫、手提袋、抱枕上绘制成不同的图案，很时尚，很有品位，适合各个年龄层次的人，很多游客购买，还有人根据个人的喜好前来订购。乡里和村里对她的支持也很大，帮助她成功申报了"下庄扎染"手工技艺第六批县级非物质文化遗产，她被确定为该项目代表性传承人。娃娃也算心灵手巧，也有一股吃苦钻研的劲头。只要她有想法，我都支持，年轻人就要敢想敢干。

过去因为下庄穷，我们离开了下庄；现在下庄发展好了，我们又搬回了下庄。我们一家经历了很多，也有很多感悟。说到底，是这条路带来的变化，更是新时代带来的大好机遇。

娃娃们读好书，才是下庄最大的出路

口述/张泽燕　整理/刘伟

人物档案

　　张泽燕，男，1963年1月生，2001年7月加入中国共产党。下庄村小教师（已退休）。曾任"全国脱贫攻坚楷模"毛相林同志先进事迹报告团成员。泽燕小院民宿原房主。

　　我是土生土长的下庄人，父亲大半辈子都在下庄村小教书，我高中毕业那年，他因身体原因退了下来，我就接过了他的教鞭，这一干就是42年。

　　那时的下庄村，条件很艰苦，没有教室，60来个学生只能挤在三个老师家里上课，就连课桌板凳都要学生自己出，一个学生出课桌，另一个学生就出板凳。1992年，毛相林刚当选为村委会主任，就组织召开村民大会，决定把村保管室改造成教室，每位村民按人头出木料，村集体出工钱制作课桌板凳。为了让我们好好教书，他特别嘱咐工人给老师的讲桌做结实点。就这样，村小建起来了，我们终于可以在教室里给孩子们上课了，学生们很争气，年年期末考试都是全乡第一。

　　过了几年，风吹雨打使教室渐渐成了危房，屋顶上的瓦也七零八落。1997年，老毛刚接任支部书记，就召集村支两委商议，决定拆掉保管室重建学校，由村集体筹集物资，村民义务出工。他总说："我读书少，但我想让娃娃们有个好的学习环境，能好好读书。"为了早日建好学校，毛支书总挑重活干，搬石头、砌基脚、打土墙，在他的带领下，男女老少齐上阵，墙体很快就建好了。但由于不通公路，村外的瓦运不进来。毛支书就到邻村请来

张泽燕在为学生讲课

烧瓦的师傅，临时打窑子烧瓦。烧瓦是门技术活，要控制好时间，时间不够，硬度不行；烧久了瓦又会变色。为了掌控火候，毛支书熬了好几个通宵亲自守在窑边。就在那年腊月，在全村的努力下，新学校建成了！在那一刻，作为教师，我心里充满了感激，我在学校宣传板上画了一幅画，还配了一句话：向支持和关心教育事业的同志们致敬！

因为不通公路，每学期开学前，我都要沿着108个"之"字拐，翻山越岭去乡里背学生的课本，一次都没有耽误过。但是，有一年我妻子发高烧，我好不容易请来医生，却因为山高坡陡，耽搁了好几个小时。妻子没等到我回来，就闭上了双眼。就因为大山的阻隔，搭上了我妻子的命！我把悲痛埋在心里，化作了教书的动力，我想把每一个学生都送出大山。

1997年冬天，毛支书带领村民向大山发起了挑战！全体村民集资出工，我也不例外，周一到周五教书，周末就上山修路。两天下来，浑身腰酸背痛。大伙儿知道我很少干这样的重活儿，都帮衬着我。毛支书看我两头跑太辛苦，就对我说："你又要教书又要修路，确实很难。教娃娃读书是大事，我们召集群众商量一下，尽量把你换下来。"这事在当时是涉及原则性的大问题，因为修路的任务原来就分好了，我不去，我的任务就要分摊给其他村民。

毛支书也很慎重，组织了村民开会讨论，他在会上说："我们修路是为了啥？就是为了子孙后代！没有公路，我们就没有出路；但如果娃娃们没有知识，那就是瞎子、聋子，我们下庄才真正没有出路！只有娃娃们把书读好了，我们下庄才有未来。"村民们都被毛支书的话打动了，纷纷主动承担了我的任务。从那以后，我虽然没再和大家一起修路，但我对自己说，我要好好教娃娃，不能辜负了大家。我白天带着孩子们学习，放学后就和孩子们一起给村民们送饭菜。我还给孩子们讲大人们为什么修路，在黑板上给孩子们写下两行大字：大人流血修路为我们，我们读书为下庄明天！

我要让孩子们永远记住他们的父辈是怎样不等不靠，自力更生，为他们的未来、为下庄的未来拼搏奋斗的！

2004年，"天路"终于修通了！全村男女老少都打心底里高兴，因为下庄的未来有希望了，孩子们有奔头了！从那以后，每年村小开学的第一课，毛支书都会来给孩子们说说话，教导娃娃们上课要认真、守纪律，要好好学习。2006年，毛支书还专门邀请路通后顺利出山的第一批大学生回到村小，请他们分享学习经验，鼓励小娃娃们努力学习。

2022年9月，下庄村新建了巫山县竹贤八一爱民小学下庄教学点，孩子们还有了营养午餐，教室里还安装了教学一体机，通过联网上课。县城最好的南峰小学与我校结成帮扶，还派老师来支教，让孩子们可以看到更广阔的世界。这一年，我的学生彭淦也考取教师资格回到下庄村小教书。他爸爸彭仁松在岩上修路一隔好久不能回来，妈妈外出多年没有音讯，奶奶年老有病。我就把彭淦当自己儿子一样带着，让他白天在班上好好读书，一天三顿饭跟我一起吃，晚上跟我一起睡。

我儿子也是我的学生，他后来本科考上了重庆师范大学，现在是县职教中心教师，已从教十多年。从他爷爷算起，我们家已是三辈人当教师，称得上是"教师之家"。我本人也被县委县政府评为优秀教师、最美乡村教师，被评为重庆市脱贫攻坚先进个人。

这些年来，全村有132人外出上中学，29人考上了大学，没有一个孩子辍学。

这一切，让我越来越明白了毛支书当年的良苦用心——娃娃们读好书，才是下庄村最大的出路！

用鼓声求平安

口述 / 周述清　整理 / 尹君

人物档案

　　周述清，男，1950年9月生。巫山县非物质文化遗产"手工怀鼓"项目代表性传承人。

　　记得小时候，村里的红白喜事都要请打锣鼓吹唢呐的人。那快似急雨慢如洪钟的鼓点像是敲在人的心坎上一样，让我欲罢不能，总想上去敲一阵。后来遇上这样的场合，便请人教我敲锣鼓。时间一长，锣鼓被我敲得得心应手，依照不同的心境能够敲出不同的节奏和声音来。

　　那时虽然喜欢敲鼓，但自己没有鼓，总是腆着脸，向别人借来敲上一阵子。别人高兴就借，不高兴就自讨没趣。一个简单的牛皮鼓也很金贵，鼓的主人觉得敲了一次就损耗了一次，心里舍不得借。时间长了，我就萌生出自己做鼓的想法。那时，我当木匠已经有三年多了，做鼓身不在话下，难的是没有牛皮做鼓面。

　　做鼓的想法一搁就是好几年。一天，隔壁杨老三牵着牛到山上去放。就在堰沟一带，那头牛脚下一滑，像滚坛坛儿一样滚落到山脚下。当时我去看了，那头牛躺在一条小水沟前，睁着红红的眼睛，一阵阵抽搐，血汩汩往下流，水沟里的水都被染成了红色，不一会儿就断了气。我幸运地有了一块做鼓的牛皮。

　　我找来一截自然弯曲的杉树杆，不费吹灰之力就把鼓身做好了。俗话说，"做鼓是徒弟，制皮才是师父"，制皮是做鼓最关键的环节，但我已经想好了办法。先把牛皮上的牛毛削干净，铺在石头上晒干，再用清水泡了一天，让牛皮变软；再用妻子做鞋用的冲子，把牛皮钻了一圈火柴头大小的孔。之后，用竹条和麻绳将牛皮固定在鼓身上，并用鼓钉固定。三天时间，我无师自通地做成了一面鼓。

鼓做好后，我迫不及待地敲了起来。鼓槌落下，鼓面颤抖起来，咚咚咚的鼓声便倾泻而出，好像一股汹涌的河水，把所有的声音都覆盖了。鼓声里，四周的山轮廓一下就清晰了起来，头顶的天空也亮堂了起来，我的心里是压也压不住的喜悦。

1997年冬月十八日，鱼儿溪的溪水冒着袅袅白气。一清早，溪畔就红旗招展，人声鼎沸。随着一声巨响，打破了下庄村的寂静，也炸响了向封闭与贫困开战的开山炮。爆炸声把树上的积雪震得扑簌簌往下落。"打破封闭，走出大山"的横幅挂在两棵高大的松树之间，在这冬天的清晨显得格外耀眼。

我们一大群人虔诚地跪在一块大石前焚香烧纸，祈求保佑修路一切平安。

一天，"轰隆隆"的炮声响个不停，一些人在前面开山放炮，更多的人在后面清理被炸下来的石头。下午三点多钟，一块箩筐大小的石头挡住了路，我自告奋勇地说，看我如何把它撬下去。说完，就扛着木杠去撬那块石头。我把杠子的一头塞进石头底部的缝隙，再在杠子下垫了一个碗口大小的石头作支点，又叫上了几个人和我一起用力压住木杠的另一端，我站在最前面，嘴里喊着"一、二、三"。由于用力过猛，话音刚落，就听"咔嚓"一声，杠子断成了两截，我连人带那半截杠子就朝着悬崖边滚了下去。说时迟，那时快，身后的刘恒保一个飞扑抓住了我的脚，我和刘恒保顺着陡坡继续往山下滑。我双手不停地抓扯两旁的小树和杂草，有些杂草被连根拔起，这也没止住我们继续下滑。我心想，完了完了，命

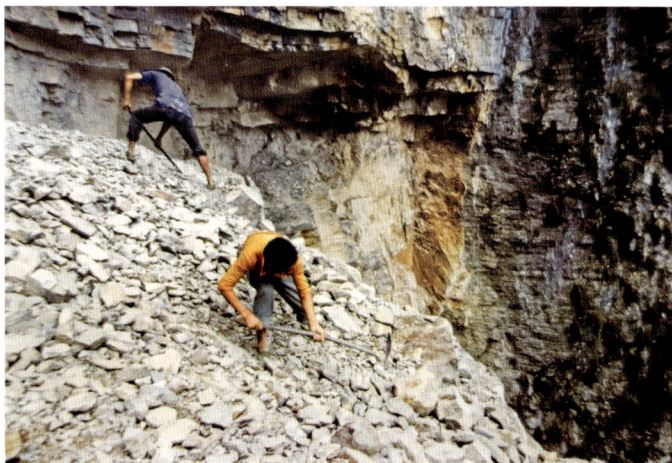

周述清（左上）正用钢钎清理路面石头

要交在这里了，身体发麻，想喊却喊不出声来，气都有些出不出来了，闭着眼睛等待整个人滑出悬崖的那一刻。

其余人见状便快速冲上前，用力抓住刘恒保的双腿往回拽，才止住了我们继续往下滑。在众人的帮助下，我从悬崖边被拉了回来。

我瘫坐在地上好久才缓过神来，看着五十多丈高的悬崖，心里一阵发寒。要不是刘恒保等人舍命相救，我可能就成了下庄修路牺牲的第一个人。

幸免于难的我，回到家，敲了大半夜自己做的那面鼓，低沉的鼓点好久才响一次，大多都是喜悦的鼓点。

真是"福不双至，祸不单行"。第二天上午，在同一个地方，差点儿又出事了。当时，我站在悬崖边撬石头、挖泥巴，身旁的树木、杂草长得很茂盛。虽是寒冬腊月，不一会儿，额头上就冒出了汗珠，我解开几颗纽扣，让领口敞开，山风不时从领口钻进去，使人浑身舒坦。我不时把棉帽向后掀一掀，想让那些汗珠流得更畅快一些。一棵酒杯粗的小树立在面前，我用锄头一挖，树干向前一弯，跟着又弹了回来。几次都这样，我有些来气。再次用力向这棵树挖去，这棵树也好像和我杠上了，弹回来的弧度和力度更大了，唰地一下反弹到我脸上，脸立马被树枝划出一道深深的血印，鲜血渗了出来。我一个趔趄，身体往后倒，无意中抓住了要挖的那棵树。这树韧性十足，弯出了一个让人心颤的弧度，把要倒地的我又拉了起来。我站稳松开手，那棵树又弹了回来，没划着我的脸，但头上的棉帽被树枝挂掉了。看着棉帽骨碌碌地朝着陡峭的山坡滚下去的时候，我心里一阵发抖，觉得兆头不好。

这一幕正好被在坎上的袁堂清看见了，他跑过来对我说，好兆头呢，棉帽替你去死了，再也不用担心出什么事了。

我一骨碌就从地上爬了起来，拍了拍身上的泥土，捡起地上的锄头又干起活来。

晚上回到家，我不自觉地又拿起锣鼓敲了起来，欢快的鼓点与油灯下妻子剁猪草的节奏混为一体，在寂静的夜空里传得很远很远。

现在好了，我不但儿孙满堂，路修好后还种了11亩多柑橘，保底收入一年一万多块，可以说衣食无忧。

2023年，县政府还将我的手工怀鼓确定为第六批县级非物质文化遗产项目，我被确定为手工怀鼓项目的代表性传承人。

守住榨面这门老手艺

口述 / 刘崇凤　整理 / 冯凌云

人物档案

刘崇凤，男，1950年5月生。开办面坊40余年。现任下庄村四组组长。

我在下庄开面坊40多年了，是村里开面坊开得最早最久的。现在很多年轻人不知道面坊是做什么的，其实就是把小麦磨成面粉，再把面粉加工成面条。

以前，下庄一直种小麦，也出好麦子。要把麦子磨成面粉，全靠人力推。家家户户都有石磨，主要用来推包谷和小麦。推小麦是个力气活，一般要推五六遍。第一遍出面少，推起来也比较轻松。第二遍出面就多了，磨也变重了。第三遍推磨最吃力，出面也多。第四遍、第五遍麦麸子就变少了。一般的家庭推五遍就行了。

小麦面可以烙成粑粑，也可以揉成面块，还可以做成包子、馒头，有很多种吃法，但要做成面条就难了，全靠人工扯面。我父亲就是扯面的高手。扯面是个技术活，关键是要把面和好。父亲身材高力气大，动作麻利，扯出来的面成条成形。那个时候麦子少，能吃上扯面就很不错了，算得上是农村生活中的细粮。

1976年，还在搞"大集体"的时候，我们村便开始修电站了。那个时候人齐心，干劲也大，说修就修，没得好久就把电站修起来了。我们挨着电站住，也就沾光照上了电灯。当时电力不足，一到晚上电灯泡像个南瓜花，但还是觉得山沟沟里照上电灯，是一件想都不敢想的大喜事，感觉很气派，很有面子。有了电后，村里在外面弄了台机器，开始用机器榨面。父亲之前在村里扯面，所以榨面的任务就落到他头上。我那个时候正出力，也跟着父亲榨面。每天榨100斤面，挣10个工分。不背不挑还能挣工分，很多人都觉得我们找了个轻松活路。

其实也不轻松。机器不算大，但上面的零件很多，以前没见过，是个洋玩意儿。为了把机器弄响，我们对机器进行了调试，再摸索着开动机器。试了好久，才差不多掌握了性能。在"大集体"时代，挣工分并不容易，逼硬得很。为了完成榨面任务，我们每天从早忙到晚，有时候累得连腰都直不起。

没几年，家庭承包到户，村里的面坊也要分包到户。村里出价300块卖掉机器，这对我们来说是个天文数字。我和父亲到处借钱，好不容易才把机器买过来安在自己家里。

在家里榨面，劲头更足了。来榨面的人很多，机器从早开到晚，我和父亲身上落满了面，眉毛胡子都是白的，拍都拍不掉。面房里到处都是一层面粉，墙上、地上、机器上、窗户上，扫都扫不干净。凡是来榨面的人，都成了唱戏的大花脸，有时惹得大家哈哈大笑。

打面粉是分等级的，有百顶百的、有八五的、有七五的。有的人家条件好些，要用好面待客、送礼，就要打七五的，就是100斤麦子只出75斤面粉，剩下的是麦麸子。这种面又白又有筋丝，吃起来很香，相当于现在的精粉或饺子粉。可舍得吃七五面的人少。如果是用来烙粑粑，或家里盖房子请工做配菜，就打八五的，能比七五的多出面粉，但面就要粗糙一些。如果是自己家用，就打百顶百的，也就是100斤麦子出100斤面，连皮带糠的都变成了面，吃起来口感就差远了。但就是百顶百的面，也只有过年才能吃上。时代发展到今天，很多人又吃起了全麦的面包，吃的是个稀奇，讲的是个营养。

榨面工序多，考手艺。首先要把面和好，既要均匀，又要掌握好湿度，太干太湿都榨不出好面。然后要挑好，机器很快，人就更要眼明手快，如果跟不上机器的速度，面条就会落到地上，就糟蹋了。最后要把面条挂到屋外晾干。来榨面的人都守在面坊里，一旦出了差错，损失了就得当"赔匠"。

同样是榨面，人们的需求也不一样。在"大集体"的时候，在和面的时候加盐，管得久，不长虫，但会锈机器。后来，条件好些了，就在和面的时候加菜油，有股香味。现在，人们习惯加鸡蛋或豆粉，有筋丝，不糊汤。这也反映了时代的变化，人们对面条的要求越来越高。

1997年，村里开始修路，面条成为家家户户带得最多的口粮。工地上大家都很忙，填肚子最快的就是煮面条。把水烧开后，丢一把面条，加点盐和油，挑起来就吃，省时又省事。有时候晚上肚子饿得咕咕叫，也煮一碗面条，吃饱后就呼呼入睡。

面坊既是个作坊，也是个人扎堆的地方。榨过面的人，我都记得清清楚楚。有时候赊账都不需要记在本子上，全装在脑子里。别人来还账也不需要看本子，大家心里都有数。有时年代久了，账目有出入，别人说多少就是多少，我从不斤斤计较。

榨面的人多数是本村人，接触久了，别人有什么心事，从脸上和说话都看得出来。我一边榨面一边和他们摆家常。如遇上婆媳关系紧张的，就会拿我妻子举例劝说，妻子也帮腔配合，把别个说得眉开眼笑。还有的妇女埋怨男人在外面务工没挣到钱，我就拿我在外面务工的经历劝说，只要不在外面干坏事，挣不到钱很正常，妻子也跟着劝，硬是把别个说服了。后来，村里的人都说我们两口子是和事佬，说和了很多家庭，村里很多人没事就来面坊和我摆家常。榨面久了，村里人都喊我"刘师傅"。我就是个榨面的，能够得到左邻右舍的信任，我感到很满足。

到现在我还是用的"大集体"时候的那台机器，虽然平常换零件较多，但主机还是好的，这主要是我平常对机器保管得好，用得过细。如果好久不

刘崇凤（左一）与妻子沈庆连（右一）为村民榨面

开机器，听不到机器的声音，就觉得像丢了点什么东西一样，一直在心里想。机器像人一样，陪伴的时间久了就会有感情。

这几年，村里大面积种植柑橘，我也种了一些，比种植包谷、洋芋、红苕确实划算。但我也担心种了柑橘荒了小麦，把下庄传统的小麦搞丢了。我向村里反映后，村里很重视，发动村民种植老品种小麦。虽然产量不高，但颗粒饱满，榨出来的面条很好吃。说实话，我都这把年纪了，并不是给自己揽生意。娃娃在外面务工，根本不想接手榨面。我担心的是榨面的手艺失传，不能"住在麦子山上还在外面买面条吃"。

我年龄大了，患有风湿病，手也不听使唤，真心希望年轻人接手这门手艺。

我在电视上看新闻，记住了习近平总书记说的一句话："中国人的饭碗任何时候都要牢牢端在自己手中。"这句话说到我们心坎上了。土地是我们的命根子，我们就要守好地，种好田，收好粮，把榨面这门老手艺传下去，让更多的人吃上下庄麦子面。

种下"金果果"

口述 / 刘恒保　整理 / 冯凌云

人物档案

　　刘恒保，男，1956年8月生。现与重庆市巫山文化产业发展有限公司合办恒保小院民宿。

　　这些年，我经常参加群众会，有一句话我记在心坎上："好日子是干出来的。"

　　这话说到我们心里去了，也是全体下庄人的心声。

　　就拿以前修路来说，明知修路有困难、有危险，但我们还是拼死拼活地修。当时也不晓得啥时能修通、到底能不能修通，反正修一截算一截，这辈人修不通下辈人接着修。

　　修路是按组划分任务的。我们四组有十多户、五十几个人，但真正能上工地的只有十来个人。那时我才40岁出头，不管是钻炮眼，还是砌石坎，我都是整劳力。特别是放炮的时候，我和几个年轻人轮流负责点炮。为了安全，我们尽量把导火线留长点。但有时导火线受了潮，燃到中途就熄了，如果隔一段时间仍然没有动静，就赶回去重新安装导火线。有人说我们胆子大，其实每个人都有害怕的时候，都是被逼出来的。

　　一天下午，一阵巨大的响声过后，听见旁边工地上有人喊："出事了！"我赶忙从悬崖上滑落下来，才得知是沈庆富出事了。沈庆富是我侄女婿，我很伤心。我帮忙把沈庆富的后事处理好后，又接着修路。后来，在政府的支持下，路修通了。通路那天，村里像过年一样热闹，好多老年人第一

刘恒保在工地上用脚将石头蹬下悬崖

次见到汽车、第一次坐上汽车，一些小孩子跟在车后跑。我们觉得是为下庄干了一件大事，几辈人想干又不敢干的事在我们这辈人手中干成了。

路通了，下庄人好像一下子就来劲了，青壮年纷纷外出务工。我以前从没出过远门，这次也跟着外出闯荡。先后到新疆挖过矿，到安徽养过鱼，到宜昌挖过桩基。干的都是苦力活，一年有万把块钱的收入。

日子渐渐有了起色，我的身体却不争气，2013年患病做了手术。大儿子也患病，老二和小女儿还在读书，负担很重，养家糊口的重担全落在老伴身上。她除了种田，还得喂猪，有时还要上山挖草药卖，一个人忙里忙外，经常累得连饭都不想吃。我看在眼里，疼在心里，不晓得什么时候才能熬出头。

还好，我的身体恢复得还不错。2014年，村里动员我们种柑橘。下庄土质好，海拔低，房前屋后都有栽种果树的习惯，但很多村民对大面积发展柑橘还是很担心。在征求意见时，我很赞同。因为我在宜昌挖桩基的时候，看到当地村民家家户户都种柑橘，村民靠种柑橘住上了楼房，开上了汽车，日子过得殷实。每到收工后，我就向当地村民打听种植柑橘的技巧。当时就想，什么时候我们也能靠种植柑橘发家致富就好了。你说巧不巧，过去想什么现在就来什么！我肯定同意种柑橘。

通过宣传和外出考察，村里把柑橘种植搞起来了。我把家里的田全部拿了出来，种了6亩。好多人都为我捏了一把汗，劝我一下子莫种这么多。我想的就是种柑橘划算，是可以长远发展的项目，搞好了可以成为摇钱树。至于能不能成功，我没有考虑太多，就像修路一样，再难也要修。

我做事喜欢和自己较劲，要做就做好，不拖泥带水，种柑橘也是一样。参加技术培训的时候，我从没耽搁一次，也是培训中提问最多的人。不是出风头，只是想弄懂每一个技术环节。比如剪枝，剪哪个部位，剪多少，都有要求，不能想剪就剪。专家讲完了以后，我还把专家请到柑橘地里，请他手把手地教我。和专家联系多了，他们不仅不烦我，还经常主动打电话询问柑橘的长势，提醒很多注意事项，好多次在培训会上表扬我。听到专家的肯定，我更来劲儿了。每天都在柑橘地里转悠，即使不干活，也要细心观察柑橘的变化，生怕柑橘遭遇病虫害。柑橘不是懒庄稼，既要科学种植，也要精心打理，有种才有收。

俗话说，人勤地不懒。我的柑橘长势不错，绿油油的。柑橘就像自己的孩子一样，看到它们长高长大，我心里有说不出的高兴，觉得今后的日子有了指望。

2018年，在脱贫攻坚政策的扶持下，我拆掉了年久失修的土房，建起了三层水泥房。住上了楼房，生活环境搞好了，人也清爽了好多，身体也好多了。每天除了种柑橘，还抽空做小工挣钱。每天忙到黑，虽然累，但觉得有奔头。

2019年，柑橘进入采摘期。由于管护得好，我的柑橘口感好，品相也好。很多商家来跟我谈价钱时把价格压得很低，我觉得划不来，想等一等再说。恰好这个时候，在江苏安家的外侄女打电话询问我的柑橘情况。得知柑橘品质好，她让我把柑橘运到江苏，她替我卖。我知道她是好意，但又担心在外地不好卖，转来转去不划算。为打消我的顾虑，外侄女按照每斤2.5块的价格收购我的柑橘，并通过物流车直接发送到江苏，卖了7000多块。这一年，我就把欠账还清了。2020年，我的柑橘还在树上就被商家预订了，卖了15000万块。很多记者采访我，说我的柑橘种得好，卖得好，把我夸成了村里的种植大户。

2021年，就在我准备大干一场的时候，村里开会，准备把全村的柑橘流转给公司经营。我心里有点不愿意，主要是我的柑橘地面积大，又有固定的客户不愁销。但转过来一想，自己年龄大了，又有病，累不动了。交给公司有分成和保底收入，还能够在公司务工挣钱，觉得也划算。经过慎重考虑，我把6亩多柑橘地交给了公司，自己在公司里当技术员，每出工一天150块，一年下来也有近万块的收入。目前，全村共种植柑橘近千亩，柑橘成为我们的"金果果""摇钱树"。

2022年，政府动员我们搞民宿，由重庆市巫山文化产业发展有限公司负责改造，农户按比例分红。我觉得这又是一个好项目，就像当年种柑橘一样积极报名。没想到，民宿刚建好就有客人住进来了。有重庆的、湖北的，还有周边奉节、巫溪的。虽然口音不一样，但来的都是客，我们心里当然高兴。很多客人找我聊天，听我讲修路的故事、脱贫的故事。后来，我经常接到客人的电话，说看到记者写过我的故事，点名要到我家住。有时我和老伴开玩笑说，怎么我一不小心也成了名人？老伴也不忘挖苦我说，她可没打算把我当名人伺候！

其实，老伴是我们家的顶梁柱，不光过去吃了不少苦，现在也还在公司负责民宿的清洁卫生，每天有百多块的收入。老二在重庆江津区教书，小女儿在重庆云阳县安家，老大从小患有精神分裂症，享受政府的资助政策，生活有保障。我们年龄大了，还靠柑橘和就近务工有固定收入。生活是芝麻开花节节高，一年更比一年好。

从土房到民宿

口述 / 杨亨泰　整理 / 冯凌云

人物档案

杨亨泰，男，1954年1月生。现与重庆市巫山文化产业发展有限公司合办亨泰小院民宿。

农村有个说法，结婚、生子、盖房子是人生中的三件大事。特别是盖房子，我们这个年龄段的人，上有老下有小，白手起家，起房造屋很不容易。

我家弟兄姐妹多，从我记事起，全家十多口人就挤在三间正屋、一间偏屋的土房子里。兄弟先后结婚分家，本就狭窄的房屋被分成几大块，显得更拥挤。我当时最大的愿望就是盖房子自立门户。结婚十多年，直到1983年才建成三间土房，对我来说已经是很了不起的事情了，毕竟在我手里办成了一件大事。后来，农村条件好了，下庄很多人开始外出务工，挣了一些钱，就有人建水泥房子。水泥砖加水泥，不出几天就砌成一人多高的墙，比建土房子快多了。一问价格吓了一跳，三层高的水泥房要十多万块。那时候，两个娃娃还小，妻子又常年生病，建水泥房子想都不敢想。

2015年，下庄进入脱贫攻坚关键时期。乡村干部多次到我家问情况，看到家里既有读书的，又有老病号，就把我家确定为贫困户。我当时还有些抵触，本身家里就贫困，还要挂个贫困户的牌子，觉得面子上过不去。通过乡村干部的宣传，才知道贫困户可以得到一些扶持。

2017年，几位干部查看住房，说我的房子时间久了，是危旧房，要改建。我就说，家里现在困难，建不起新房子。他们向我讲国家的扶贫政策，

杨亨泰（右一）与儿子杨绍勇、女儿杨绍英向时任竹贤乡乡长的曹栩交修路集资款

对贫困户住房改建有一定补助。我觉得这是一次难得的机遇，喊天也要把水泥房子建起来。我原先的土房子地势不稳，村里就让我生态搬迁，并享受相关政策。我请来左右邻舍的人帮忙，节约了一大笔开支。半年时间，就建起了两楼一底的水泥房子。虽有些欠账，但还能承受。

住上了水泥房子，感觉就是不一样。以前住土墙屋最怕刮风下雨，有时候半夜起来掏水沟，生怕后山洪水把房屋冲垮了。有一天下暴雨，刚出门躲避，屋后的一棵大树就被风吹断倒在了屋顶上，被淋湿的土墙瞬间就倒了半边。这样的危险不晓得经历了好多次，吓了好多回。现在好了，房屋四周水沟都修好了，下暴雨也可以睡安稳觉。更体面的是还有单独的厨房、卫生间，与城里人没有多大差别。我时常在想，如果不是脱贫攻坚政策，不晓得要熬到好久才建得起水泥房子。

想不到的还在后头。2021年冬天里，村里说要在下庄搞民宿。我当时不懂民宿是个什么名堂，只是听说要把农户的房子拿出来做客房，让外面的游客来住。我思想有些保守，心想把房屋拿出来让别人住算个什么事啊，觉得不方便。村里开了几次会，提出民宿改建由公司负责，民宿收入由公司、村委会和农户按比例分成，并动员村民积极报名。听了村里的宣传和解释，我基本弄懂了民宿的经营模式，觉得有钱可赚，但又担心民宿搞不起来，就没有当场报名。

儿子在重庆主城区跑运输，见识比我多，我就打电话问儿子的意见。他在电话里说，民宿是今后旅游的大趋势，下庄发展民宿有赚头，要我马上报名。我还不放心，又问在广东安家的女儿的意见，她说家里的房子空起也是空起，政府引导建民宿是个好门路，动员我赶快报名。两个娃娃都支持，我没几天就报名了。

2022年开春不久，就有工人进场了。我白天忙农活，晚上再累也要到楼上看一下施工情况。二三层全部改建成了民宿，共有6个标间12个床位。我和妻子住底楼，有客厅、厨房、卫生间和三间卧室，娃娃回来后也住得下。

2022年6月，就有客人住进来了。真的像家里来了客人一样，我们很高兴。不仅把屋里屋外收拾得干干净净，还给客人们送去了土产的瓜子、花生和水果。客人说下庄人好客。这是我们的传统，只要家里来客就要招待好。以前农村都不富裕，家里有了好东西，要留到亲戚来家中做客时让客人吃用。虽然现在条件好了，但这个传统没有丢。

"大集体"的时候我们一大家人挤在老房子里，包产到户后我们一家4口住在土房子里，现在我们住上了楼房，还开起了民宿。几十年的变化，特别是最近几年的变化就像做梦一样，很多想都不敢想的事情真的实现了。现在，全村有11户与重庆市巫山文化产业发展有限公司合作开起了民宿，共有81个房间149个床位，还有4家自办了农家乐。看到下庄现在的发展势头，我们的好日子还在后头！

三婚女子的幸福路

口述 / 王先翠　整理 / 冯凌云

人物档案

王先翠，女，1970年8月生。现在重庆市巫山文化产业发展有限公司务工，与重庆市巫山文化产业发展有限公司合办先翠小院民宿。

1995年，我的第一任丈夫因病去世。1997年，我和第二任丈夫组建了新的家庭。就在这一年，村里开始修路，丈夫也加入了修路队伍。大约半年后，丈夫在外面干活的时候意外出事，本来就不幸的家庭再遭变故。

那时修路按家庭人口分担任务，我家有五口人，任务很重。老人年龄大了，不能上工。没办法，我就把两个娃娃托付给老人，自己上山修路。别看我身体瘦弱，煮饭、刨石头、挖水沟，都能做。为了多挣工分，除了煮饭，我还跟着男人们砌堡坎，做一些调沙灰、搬石头之类的事情。

我性格比较内向，再加上一连串的不幸，更显得有些忧郁，不爱说话。到了工地，看到大家干活有说有笑，有喊有应，像办一场大喜事一样，有分工也有合作，很齐心。晚上，大家围坐在一起，唱山歌，讲笑话，很热闹。这种氛围把我也带动了，大家你一言我一语，笑过之后，疲劳少了很多，心情也好了很多。大家一起修路，无形中有股力量在推着我走。

工地上有很多妇女，有的年龄比我还大，虽然不能像男同志那样扛大锤打炮眼，但我们只是分工不同，同样有很重的任务，有的女同志评的工分比男同志还高。我们女同志之所以这样使劲，既是为了挣工分，也是为了证明自己，不能让别人说闲话，让别人看看女人也能在工地上顶起半边天。

修路并不顺利，修到最悬的地方就有两个人牺牲了。我经历过失去亲人的伤痛，最能体会他们家人的痛苦。那些天，我哭着安慰工友的家属，也在担心，发生这样的事情后，还能不能继续修下去。村里征求大家意见时，从不爱主动发言的我不晓得哪来的勇气，率先站起来表态说："修！"。大家都齐刷刷地看着我，我干脆把话说开："已经有人为修路作出了牺牲，如果不继续修下去，我们怎么对得住他们……"见我这个妇人家这么说，在场的人都点头说，这条路还是要修！

其实，我想得很简单，如果中途放弃，以前的辛苦就白费了，哪个甘心？继续修就有希望，不修就没希望。随后，全村男女老少又回到工地。与以往不同的是，大家特别注重安全，村上专门有人检查，大家也相互照顾。我大部分时间负责煮饭，想方设法把油水加重点，把生活开好点。有时候，饭煮少了，我自己不吃，先让男人们吃饱，他们才有力气干活。看着他们吃得开心，我也跟着高兴，觉得也为修路出了一份力！

王先翠上工地修路，女儿刘俊明（左）独自在家带表弟

后来，在政府的支持下，路终于通了。七年修路，我们经历了很多，有人牺牲，有人残疾，有人受伤，但他们都没说什么，就觉得这是自己的事，受伤受苦受累都值得，没什么大不了的。

路通了，下庄最直接的变化是交通运输方便了，进出下庄的人多了。因为修路，很多人佩服我，说我像个女汉子。说实话，如果有依靠哪个愿意当女汉子啊！很多人同情我的遭遇，动员我再组建家庭。我当时真没考虑，一方面，经历了那么多，也熬过来了，没打算再找；另一方面，我有两个娃娃，负担很重，怕成为别人的累赘。但拗不过好心人的撮合，直到介绍朱克鲜时，我才同意。

朱克鲜是骡坪镇人，大我三岁，会木匠手艺，知书达理，对我的情况很了解，向我承诺了很多。我觉得他人可靠，心眼好，就和他走到了一起。

像当初承诺的那样，朱克鲜成了家里的顶梁柱。他跟着村里的人外出，凭着木匠手艺在新疆找事做。他白天夜晚都上班，最多的一年挣了七八万块。回来后，他把一大叠钱交给我，把我吓了一跳。我让他多留点，他说只留点烟钱就够了。捧着他用力气换来的血汗钱，我哭了很久，以前的种种不幸和委屈在那一刻全哭了出来，整个人感觉轻松了很多。上天还是公平的，我经历了一般人难以想象的困难和不幸，失去了很多，现在又让我慢慢找回自己的幸福！

更让我满意的是朱克鲜很爱两个娃娃。老二四年级期末考试从第一名滑到最后两名，朱克鲜听说后，赶忙从宜昌的工地上赶了回来。他以前在学校代过课，懂得教学生。他没有对娃娃大吵大闹，而是心平气和地与娃娃交心交朋友。这招还真管用，娃娃好像变了个人一样，起早床，读早书，还在窗户上写下"加油"两个字。从那以后，娃娃的成绩一直不错，2021年考取了广西玉林师范学院，2022年又从学校参军入伍。

朱克鲜为我付出了很多，我就要当好家庭妇女。朱克鲜的母亲住在骡坪镇老家，我每年都要接公婆到我们家住几个月。老人生病后，我把老人家接到家里照顾了三年。不管多忙多累，每天起床的第一件事是为老人煎鸡蛋，变着花样为老人煮饭做菜。在老人病重的半年时间里，我整天守在家里，为老人擦背按摩、接呕吐物。老人临终时拉着我的手说，我比他们的女儿还亲。我哭着把老人抱在怀里。老人去世时84岁，村里的人都说，老人有福分，说儿媳妇很孝顺。其实，我只是做了应该做的，这既是我的本分，也是对丈夫的认可和回报。

我不仅对现任丈夫的家人是这样，对我第二任丈夫的家人也是如此。每年都要接他的父亲到家里玩一段时间，陪老人说说话，让老人开心。这样的家庭氛围，与朱克鲜的理解分不开。他很支持我这样做，对我几方面的亲戚都很好。

　　这些年，下庄变化很大，房子漂亮了，路宽了，游客多了，我们的信心也更足了。政府动员做什么我们就做什么，不能搞的绝对不搞。就拿整治"无事酒"来说吧，政府一直在宣传，我们也很支持。2022年上半年，老二从大学入伍当兵，很多外村的亲戚都动员我们办一场酒席，让亲戚朋友一起为娃娃送行，我们当场谢绝。娃娃当兵走的时候，我们没有通知一个亲戚，反而觉得很轻松。如果像过去一样办酒席，请来请去，吃来吃去，送来送去，劳神费力不说，还背上一身人情债，何苦呢？不仅我们这样做，其他人也是这样，不情愿整"无事酒"。

　　好多人都说，我能走到今天不容易。是啊，我经历过很多，也学会了很多：越是困难的时候，越要朝前看，没有过不去的坎，只要咬咬牙，任何困难都会过去的。

人生不怕弯弯多

口述/毛相礼　整理/冯凌云

人物档案

毛相礼，男，1968年1月生。现与重庆市巫山文化产业发展有限公司合办相礼小院民宿，开办毛相礼农家乐。

父亲送我读完小学后，见我调皮捣蛋无心念书，就干脆送我到别人家里学木匠。你还别说，这个手艺活真还适合我的性格。我爱琢磨新样式，爱与人打交道，特别享受跟着师父进百家门，吃百家饭，到哪都是"座上宾"的场面。

当了两年学徒，师父让我出师单干。凭着不错的手艺，每年有上千块的收入，比种田强了好多倍。见我可以凭手艺吃饭，父亲便开始四处为我张罗婚事。不到20岁，我就成家了。随着几个孩子的相继出生，我渐渐感到有些吃不消。虽然木工能挣钱，但赊账多，加之后来农村流行买成品家具，那点木工手艺几乎没了用武之地。

家里6个人6张嘴吃饭，种的田只能糊口，木匠生意越来越差，怎么办？看到别人外出挣钱，我心里也痒痒的。1992年春节后，我便跟着亲友到了新疆。

第一次出远门，第一次坐火车，一切都是那么新鲜和刺激。然而找工作并不顺利，整天像无头苍蝇一样到处乱撞，就是下苦力，人家都嫌我个子小。好在新疆的巫山人多，在老乡的引荐下，我在一家建筑工地找到了一份小工活。与包工头混熟后，我的木工特长得到了发挥。新疆夏天白昼时间长，为了多挣钱，我最多的时候同时做3个班。人年轻，浑身有使不完的劲。

那一年，挣了将近10万块，简直是天文数字。尝到甜头后，又到成都青城山小区干建筑活，每年都有几万块的收入。几年下来，家里的条件得到了一些改善。

挣到钱了，人就有点飘。受朋友唆使误入了歧途，并受到了处理。就在这几年，村里开始修路。在这个节骨眼上，我却当了逃兵，我恨自己年轻气盛，不分是非闯大祸。修路的任务全落在妻子头上。她在工地既修路又做饭，4个孩子只好交给老人照看。一天早上，只有十来岁的老二自己煮饭，不小心被滚烫的开水把脚烫伤，起了一大片水疱。妻子知道后连忙跑回家，一边哭着找村里的土医生敷草药为孩子的伤口消肿，一边为老人和孩子准备一周的口粮，然后又回到工地上继续修路。那几年，全靠妻子一个人撑起这个家。

2004年，公路终于修通了。路通了，经济收入还是老三样，种地、喂猪、打工。我又出门打工，拼命挣钱。2012年，我花10多万块建起了水泥房。几个娃娃也还算争气，老大初中毕业后在重庆开餐馆，有房有车。老二大学毕业后与老三在新疆开医药公司，效益不错。老四在重庆做消防员。

这些年村里建设项目多，道路硬化、房屋改造都需要石料，我看准商机开石场，收入也不错。

但我这个人是火炮性子，一点就响。村里搞环境整治提升，我听别人说村里搞得不公平，就不由分说去堵路。村支书毛相林是我堂哥，经常说我，甚至骂我。我正在气头上，不但听不进去，还跟他对着干。那段时间，我像变了一个人一样，一点儿都不冷静。

真正让我改变的是我伯娘，也就是毛相林的母亲杨自芝。在修建下庄人事迹陈列室时，她老人家自愿让出准备建房的宅基地。我当时很感慨：一位年过八旬的老人都能以大局为重，支持村里搞建设，而我却为一己私利给村里出难题，感到很羞愧。我窝在家里回想下庄这些年的变化。如果不是政府支持，下庄恐怕还是"穷在深

毛相礼老婆杨元炳（左）巾帼不让须眉，与工友合作凿石头

山无人知"。如果村民不支持配合政府搞建设，下庄发展将会处处遇阻……想到这里，我心里突然亮堂了：人不能私心太重，要讲规矩、明事理、懂感恩。

有一次，听说有人在村道硬化时堵路，我赶忙到现场结合自己的经历和想法，说服了堵路的村民。也许是平常的关系不错，也许是我的"现身说法"对他有所触动，这位村民最终放弃堵路。

2021年底，政府发展乡村旅游，动员将我们的房子改建成民宿。莫看到我是个大老粗，但民宿我听说过。在征求意见时，我举双手赞成。按照重庆市巫山文化产业发展有限公司方案，我选择了乐居型。之所以这样选择，是因为我的房屋宽，接待能力强，分红收入多。但从公司角度看，觉得改造投入大，建议我选择宜居型。我一直和公司负责人沟通协商，最终公司同意我的方案。我很感激公司的理解和支持，也改变了以前的处事方式，不是找公司闹，而是心平气和地说明我的诉求，争取公司支持。

2022年5月，全国各地的学员和游客住进了由民居改成的民宿，光我家就能接待二十多位客人。每次客人入住，我都随时随地做好清扫保洁，陪客人说话聊天，带客人走走转转，尽心尽力当好主人家。我手机里还存有好多客人的电话和微信，有的客人还给我介绍新的客人。公司也经常召集我们开会培训，手把手地教我们接待的礼仪常识。

妻子也到重庆市巫山文化产业发展有限公司上了班，负责民宿日常保洁，整个人都变了。以前她一天都讲不出几句话，现在变得爱说爱笑，整个人都精神了。每次问她转变的原因，她都答以"工作需要"来向我显摆。每次看到她与儿子媳妇视频聊天的高兴劲儿，我也凑上去在视频里打个手势，露个笑脸。

妻子的转变也激励了我。我平常一般都泡在工地上，在外面承包一点小工程，再加上几亩地的柑橘流转到浙乐公司后的收入，养家绰绰有余，有时还给几个娃娃补贴点。现在又与人合伙，利用民宿顶楼闲置空间开办农家乐。

说起下庄的变化，我无法简单形容。千说万说，要感谢党委和政府的支持。不然，道路哪有这样宽敞，房屋哪有这样漂亮，游客哪有这么多，收入哪有这么高。所以，人要在经历一些事情后，才会领悟很多道理。我下过苦力、走过弯路、堵过路，但我明白一点，就是要老实本分做人，坦坦荡荡做事。

从天路娶新娘

口述/杨亨攀　整理/冯凌云

人物档案

　　杨亨攀，男，1980年11月生。现与重庆市巫山文化产业发展有限公司合办亨攀小院民宿。

　　下庄村村校是我读书启蒙的学校，离我们家不远，早上三五个一群蹦蹦跳跳上学，下午放学回家肚子饿得咕咕叫。那时候父母都在田里忙农活，一天只吃两顿饭，挨了些饿。等到读完小学，我就不想上学了，整天跟着大人挖田种地，有时候还到骡坪或竹贤背运物资。

　　1994年春节刚过，我跟着大人前往广东深圳。我年龄小，个头也不大，找工作四处碰壁。后来在一个老乡的介绍下进入一家服装厂，流水线作业，每天工作十小时以上，每个月200多块钱的收入。虽然能挣到一点钱，但一个人远离父母还是很想家，不晓得哭过好多次。

　　1997年，村里开始修路。每年春节回家都能看见修路的痕迹和进展，也听父亲讲过修路的经历。当时修路每家每户都有任务，父亲一个人承担了全家6口人的任务，半个月放一次假，一年中大部分时间都在修路。我听后很感动，觉得父亲这辈人从小就吃苦，我们长大后他们还在拼命修路，心里觉得很愧疚，我就对父亲说，要回来修路。父亲提高嗓门说，修路是我们的事，不需要你！父亲是个严厉的人，我不敢多说什么，春节一过又出去务工。后来，修路最吃紧的时候，我也回来顶父亲的班修过，感受过修路的艰辛，体验过大家齐心协力的氛围。

当年下庄人在最艰难的位置鸡冠梁凿路

　　2003年底，我结婚成家。当时公路还未修通，但毛路已经成形。娶亲队伍沿着新修的毛路抬嫁妆，吹唢呐，热热闹闹地把新娘子娶回家。虽然全程步行，比起老路还是更近更安全。原先下庄人到山外村社娶亲要两天时间，头天赶到新娘家住一晚，第二天擦黑才能把新娘子娶回家，缴钱费米不说，还担心安全，特别是冬天山上结冰，更危险。现在好了，下庄人不再为到山外娶亲担惊受怕。

2004年，下庄公路成功通车。我在广东听到这个消息，高兴得不得了，为下庄高兴，为父母高兴，也为自己高兴。那些年，我和妻子在广东打工的收入还不错，想到家里的老房子年久失修，就准备在下庄建房子，让父母居住条件好些。2007年，我们在下庄建起了两楼一底的水泥房。我们仍常年在外务工，父母和弟弟住在下庄。

从2017年开始，下庄的变化就更大了。公路硬化加宽，房屋改造，发展柑橘，交通变畅，环境变美，产业变强。也在这一年，我从广东前往海南搞建筑，工资待遇也有了新变化。

2021年2月，下庄村支书毛相林被授予"全国脱贫攻坚楷模"，他是第一个上台接受习近平总书记颁发奖章和证书的获奖者。当时我在上班，没看成那天的大会直播，下班后听工友说我老家的村支书获得了很高的荣誉。我猜想是毛相林，他应邀参加过央视春节联欢晚会，获得过"时代楷模"称号。中午，我边吃饭边打开手机看新闻。朋友圈里的微信和抖音都在推送毛相林获奖的视频，我看了一遍又一遍，先是高兴，后是感动，接着就有了想哭的冲动。作为一个下庄人，我知道毛相林领头修路的不简单，下庄人跟着修路的不容易。作为他们下一代的年轻人，能够体会老一辈修路的决心和干劲。特别是毛支书在村民大会上说的那句话："山凿一尺宽一尺，路修一丈长一丈。我们这辈人修不出路来，下辈人接着修，抠也要抠出一条路来。"这句话既是说给修路的人听的，也是说给我们听的。虽然我们没有全程参与修路，但这种精神要一代一代传承下去。我们在外务工也吃了一些苦，但比起他们修路算不了什么。我觉得他们了不起，国家表彰是对毛相林的认可，也是对下庄人的认可，毛相林的荣誉也是下庄人的荣誉。

2020年，母亲因病去世，父亲就随我们在骡坪场镇生活，下庄的房子空起了。2021年底，村里打电话说政府动员在下庄搞民宿，民宿收益由公司、村委会和农户按比例分成，问我想不想搞。我常年在外务工，也住过民宿，当然看好民宿行业的前景。但下庄能不能搞起来，我还是拿不准。当时妻子在骡坪带娃娃上学，就叫她去了解了一下。妻子跟我在海南建筑工地待过一段时间，也看得懂图纸，她说民宿设计得不错，有特色，适合下庄。想到房子反正是空起的，我就报名参加民宿改造。我把整栋房屋都拿了出来，共有5个房间10个床位。

没过多久，民宿建了起来，客人也住了进来。截至2022年9月，民宿经营不到3个月，我们就分得5300块钱的收益，心里很满意。我经常向工友讲起下庄修路、种柑橘、开民宿这些事，他们都很吃惊，不相信这么边远的地方还办成了这么多大事情。我也没想到，下庄的变化会有这么快。回想起小时候读书、打夜工背肥料的日子，那时我们最大的愿望就是通公路，不再肩挑背磨运送物资。这个愿望实现后，我想在老家盖楼房的愿望也很快实现了。实现这些愿望的基础，就是这条路，老一辈拼下来的路给我们的愿望插上了翅膀。

2022年上半年，妻子在骡坪镇带娃娃读书的同时，与几个玩伴儿合伙在场镇主街道开了个小饭店。她觉得我们前些年为母亲治病花了很多钱，现在还欠着账，要找点门路挣钱。我知道她的苦心，晓得她闲不住，也支持她做事。我们都还年轻，要做点事，更要努力奋斗，就像老一辈修路一样，要一段接着一段修，要鼓足干劲，不能泄气。

我时常在想，我们这一辈算是幸运的，赶上了改革开放的好时代，才有机会出门务工挣钱。现在又赶上了一个最好的新时代，创业的机会更多，发展的空间更大。但不管怎样，下庄是我们的根，是我们的魂，我们要守护好下庄，更要建设好下庄。

接过老师的接力棒

口述 / 彭淦　整理 / 徐永泉

<table>
<tr><td>人物档案</td></tr>
</table>

彭淦，男，1992年9月生。竹贤八一爱民小学下庄教学点教师。

2016年大学毕业后，我到成都天府新区腾讯的一家外包公司上了班，工资待遇还不错。

一两年后，父亲给我打电话，说下庄村村校沈洪保老师要退休了，让我回去代课。我不愿意。2018年底，父亲再次打电话让我回去代课，村支书毛相林也给我打了电话。沈老师退休后的2019年上学期，学校仅有的张泽燕老师要教毕业班，导致低年级无人教。

我知道回乡代课待遇不高。但转念一想，孤身在外打工，无依无靠，感觉不踏实。再说，家中爷爷、父亲年龄越来越大，我一人远在外地，心里不免有所牵挂。最终毅然决定回到下庄。

然而，当初我并未打算当一辈子老师。2019年，我一边在下庄村村校代课，一边复习准备，先后两次参加了公务员考试，都没有考上。

2019年放暑假后，竹贤小学王安燕校长找到我，希望我能帮忙代课，就这样，我又到竹贤小学代了一年半的课。两年的学校生活，两年的教书育人经历，使我有了很深的感触。孩子们是天真无邪、活泼可爱的，对老师是依赖、崇拜、尊敬的，同孩子们相处是快乐、简单、充实的。

2021年3—9月，我又到下庄村委会做了半年挂职本土人才。这其实并不是我的本意。是因为之前我在竹贤小学代课，父亲非要我去考本土人才，父命难违，为了尊重他的意愿，我去考了。考的人很少，不承想就考上了。虽然人在村里，但心里总牵挂着那些孩子，总感觉少了和孩子们在一起的很多乐趣。于是赶到9月1日前，我毅然决然地提出辞职，继续回到竹贤小学代课，找回教书的感觉。也许因为我的性格更适合教书，我与孩子们相处得很愉快。

是的，是孩子们改变了我，是孩子们坚定了我从事教育行业的志向。

我到下庄村村校代课不久，有一次，一年级男孩蒋宗昭说他有一个问题不明白。我便让他观看彩图，并通过生动的讲述、恰当的手势，努力让他明白意思。他看着彩图、手势，听着讲解，终于会心地笑了，眼里发出了明亮的光。那一刻，我激动万分，似乎体会到莫大的快乐，我觉得我的劳动、我的努力没有白费，我的人生价值正在实现！

班上有个叫杨憶的孩子，本来要读二年级，因为成绩太差，留到了我的班上读一年级。我对他充满爱心和耐心，为了提高他的学习成绩想了不少办法。为了让他学会10以内、20以内加减法，除了教他扳手指、用小棒，还引导他用生活中的核桃、花生等东西代替小棒来操作，并带他到商店买铅笔、橡皮擦等文具，以加深印象和理解。杨憶进步很快，没多久就能考八九十分了。后来他父母到重庆主城务工，他便随父母去主城上了学，现在上四年级了。杨憶的父母非常感激我。直到现在，每年过春节回到老家，他们都要带着孩子来看我，还十分讲究，一走到我家门口，先是一挂鞭炮噼里啪啦响起。

在竹贤小学代课时，我接手的一年级班上有个叫周中鑫的小女孩。开学第一天，这个孩子原来就读的竹贤小学附属幼儿园有老师向我介绍说，这个孩子特别胆小，家长还有些护短。我心想，不管这些，就把她当成一张白纸，一切从零开始。几天后我发现，这孩子确实胆小，学习也有些跟不上。但她有几个优点：一是与我亲近，讨人喜欢；二是爱学习，想学好。我耐心地教，教她拼音，教她写字，教她算数，把她带在身边；在办公室备课、批改作业就把她带到办公室，到乡政府办事也把她带着。一些不知情的人还以为她是我亲侄女。这孩子很乖很听话很爱学习。有次她主动对我说："班上哪个学得最好，我就跟哪个学！"后来她渐渐变得胆大开朗，学习成绩也慢慢好起来了。

同样是在竹贤小学。有个住读生，因初次离开父母、离开家庭不习惯，极不情愿在学校住。不仅搞不好学习，还总喜欢打其他同学。他的家离学校并不远，完全可以走读，可父亲为图省事强行让他住读。而为了让他"听话"，父亲隔段时间就给他一顿打。这种粗暴的方法可能导致了他有一定心理问题。鉴于这个情况，我天天到学生寝室、学校操场陪他，同他聊开心的事情，经常表扬鼓励他。渐渐地，他感受到住校的温暖后，不打人了，也爱学习了，成绩也提高了。

两次公务员考试的失利和两年多时间与孩子们相处，我对自己有了越来越清楚的认识——我真的更适合做一名教师！

但当代课教师并非长远之计，我决定充电学习，报考教师编制考试。

2022年上半年，我干脆辞去代课教师职务，买回一大堆报考教师编制的专门书籍，同时报了网课，找了一个安静的地方全身心地学习。我一人住在骡坪镇二叔家，每天除了自己煮三顿饭吃和睡觉，其余时间都在看书学习、听网课。

2022年暑期，全县统一公开招考教师，我终于榜上有名，通过了考试。我又回到下庄村村校——现在的竹贤八一爱民小学下庄教学点教书，正式从我的老师张泽燕手中接过教书的接力棒！我是在下庄出生、长大的，也是在下庄村村校读的小学。我应该为下庄、为这里的孩子尽一份责任！

青春无悔，不负韶华——本土大学生彭淦（右一）接过张泽燕老师的接力棒

讲好下庄故事

口述 / 黄梅　整理 / 徐永泉

人物档案

　　黄梅，女，1997年10月生。现任下庄村妇女主任，挂职本土人才，下庄人事迹陈列室讲解员。

　　我并不是下庄村人。我在与下庄村邻近的竹贤乡福坪村出生和长大，2019年从三峡学院学前教育专业毕业后，一直在万州的一个私立幼儿园当老师。

　　2021年春节回到老家，身为福坪村支书的父亲给我做工作："近几年，农村搞脱贫攻坚变化很大，发展很快，现在乡村振兴正需要本土人才，你就回来干吧！"我当时嘴上答应了，内心里却很犹豫，这些年农村的确变化很大，可我在万州当幼儿园老师也干得还算舒心。父亲突然这么一说，我一时真还难以转过弯来。但父命难违，为完成"任务"，2021年2月我参加了本土人才的招考，竟然考上了。我父亲是福坪村支书，按规定，父女俩不能在同一个村任职。就这样，我就到了下庄村，当上了下庄人事迹陈列室的讲解员。

　　过去下庄人走路出山，必须经过头磴子、二磴子、三块石和岩口子。我外婆家就在岩口子老路边。我小时候喜欢跑到外婆家玩，经常看到从岩口子上上下下的人，在外婆家讨水喝。

　　下庄虽然与我们福坪相邻，但在下庄通公路前，我从没到过下庄。我平生第一次去下庄，是"下庄天路"刚修通不久，距今有十七八年了。记得那次，小小的我由大人带着，搭乘一辆货车一路颠簸去了一次下庄。

那次到下庄，下庄给我的印象太深太深了：家家户户都是老旧的土房子，路上一走一脚泥，到处冷冷清清、荒荒凉凉……

考上下庄村本土人才后，2021年3月初我再次来到下庄，感觉反差太大了！

我是坐着亮锃锃的小轿车到下庄村报到的。公路早硬化了，全程装了安全护栏。到了村庄，出现在眼前的是一幢幢漂亮的楼房，是正在精心打造的一栋栋别墅模样的民宿，是正在加紧建设的古色古香的下庄院子……真是太震撼了！通过了解，这些变化都来之不易，太励志了！真是意想不到啊！我抑制不住内心的激动，为自己能为下庄的乡村振兴出一份力而感到无比振奋！

要当好一名讲解员，必须对下庄的过去、现在，尤其是下庄修路时的情况、修路时的感人故事了如指掌。虽然以前对下庄村有所了解，但对很多细节上的东西知道得不多。

我找到村支书毛相林，向毛支书请教当年他带领村民修路的情况。毛支书不厌其烦、耐心细致地讲述。我认真聆听，一些重要情况和感人细节，就用笔认真记下来。我对照陈列室里的一张张照片，登门拜访，一个个找到照

黄梅（左一）带领团队参观陈列室，学"下庄精神"

片上的当事人，请他们仔细回忆当年修路的经历和故事，把最难忘的、印象最深刻的、最感人的事讲给我听。我在平常与村民的聊天沟通中，有意无意把话题往修路上引，力求找到当年修路的更多故事线索，而后深入挖掘。

自从开始接触这些故事，我就没担心过记不住他们，也相信自己不会忘词儿，因为下庄人修路的故事实在太感人、太震撼了。我是一个十分感性的人，擅长形象记忆。村民们在讲故事时，一幅幅生动鲜活的画面就深深地刻在我的脑海里。这些故事本身强烈地感染了我，它们在骨子里、从灵魂深处真正打动了我。我把他们讲的、我记下来的，稍稍整理一下，不怎么费劲，就能带着感情讲出来，就能深深打动我的接待对象。

作为下庄人事迹陈列室的讲解员，我先后接待了五万多人前来参观学习，也越来越感受到自己的工作是多么有意义。

记得有次讲解时碰到一个小组合，三个孩子都由家长带着，一个在上幼儿园，一个在上初中，一个在上高中。初来时，大家显得有点乱，大概都抱着随便玩玩儿的心态。尤其是上幼儿园的那个孩子，在参观下庄人事迹陈列室前，还独自一人跑到一边玩起沙来。但在我带领他们参观了下庄人事迹陈列室后，几个孩子的表现变得与刚来时截然不同。

最小的孩子仰着头，鼓着两只大大的眼睛，对妈妈说："妈妈，以后我长大了也要修一条'下庄天路'这样的公路！"上小学的孩子看了陈列室的图片、雕塑，听了我的讲解，感动得眼眶通红，眼泪都要掉下来了。上高中的孩子或许思考得更多、更深一些，向我询问了好几个问题，我都一一给他做了解答。"'下庄天路'修建前，下庄人为什么不走出大山，到外地去发展呢？""因为下庄山好水好，下庄人舍不得离开这祖祖辈辈世代居住的房屋，舍不得这里世代耕种的土地，舍不得这里的一草一木。""既然修建'下庄天路'这么艰难，下庄人为什么执意要修建'下庄天路'呢？""为了下庄人能走出大山，为了下庄村全体村民摆脱贫穷，共同走上致富的道路……。"最后，这个高中生略带羞涩地说："那，那我以后也要成为毛相林这样的人！"

还有一次，一位来自安徽省年近八旬，胸前戴着几枚闪亮军功章的退伍军人，在老伴、儿子、女儿等亲人的陪伴下，专程来到下庄参观游览。由于老人行动不便，他们走完"下庄天路"，家人又从自驾车上取下轮椅，把老人轻轻扶上，推着老人一起参观下庄人事迹陈列室。我注意到，老人在陈列室参观，听着我的讲解，观看《绝壁上的下庄人》宣传片，被下庄人的事迹深深震撼、深深感动，一直在不断抽泣，女儿好几次拿纸巾为父亲擦眼泪。走出陈列室，老人的女儿一手推着轮椅，一手牵着我的手，深情地说："下庄人太不简单了，简直出乎我的想象！以后我还要来下庄，带着我的孩子来下庄，让我的孩子也来这里受教育！"

身为下庄人事迹陈列室的讲解员，我骄傲，我自豪！我为下庄人骄傲、自豪，我为难能可贵的"下庄精神"骄傲、自豪。"下庄天路"令人意想不到，下庄的变化更令人意想不到。"下庄精神"是一束耀眼的光，我要用我的青春和热血，义无反顾地永远追随它！

"染"出下庄新画卷

口述 / 袁孝鑫　整理 / 尹君

人物档案

　　袁孝鑫，女，1992年11月生。巫山县级非物质文化遗产"下庄扎染"项目代表性传承人，现任下庄村委会主任。创办下庄布谷植物染工作室。

　　"为什么我的眼里常含着泪水？因为我对这土地爱得深沉……"每当想起艾青先生《我爱这土地》这首诗的时候，我的心里总是充满了无限感动。

　　2015年，我从重庆工商大学广播电视新闻专业毕业，先后在美团、猩猩利、支付宝口碑等从事商家互联网营销。工作中我干得很欢实，工作中的成就也印证着自己的价值，但内心还是深深挂念着生我养我的下庄。在那里，有儿时形影不离的伙伴、有辛勤劳作的父母、有勤劳朴实的乡亲。在这个宁静的小山村，有太多令人感动的记忆。记得儿时离开下庄到县城去读书，每年寒暑假都会回来走一走、看一看。每次回来，父老乡亲都会"排队"邀请我去他们家吃饭。这种亲切与质朴是离开下庄后再也没有享受过的温暖与热情，我想回到她的怀抱中去。

　　很快，机会就来了。2021年11月，我参加重庆市南岸区人社局组织的互联网营销培训时得知，国家大力实施乡村振兴战略，需要有志青年在乡村振兴的道路上展现青年担当，彰显青春力量。回想父辈们为了修通下庄天路所作出的努力和牺牲，我就感慨不已。看到母亲陈祖英为了下庄的发展，从舒适的县城搬回边远的下庄，开办农家乐，种植柑橘，还任村民监督委员会主任，更是让我感动不已。我已经长大了，得为下庄村做点什么！就这样，怀揣着一份回报下庄的担忧，2022年初我毅然辞去工作回到了下庄村。

但阔别多年的下庄让我有些无所适从。除白天给母亲打下手，帮着打理农家乐的一些事情外，就去找儿时的伙伴聊会儿天，更多的时间里处于无所事事的状态。生活节奏突然慢了下来，人也闲了下来，曾经的激情和斗志也被消磨了不少，这不是我想要的生活，我得找一个实现自身价值的切入点。

其间，我从多名老人口中知道了下庄染坊的历史，了解到染布技艺是中国传统技艺传承的智慧结晶，便对这项技艺产生了浓厚兴趣，希望能够为传承这一传统技艺做点儿什么，同时也想通过传承传统技艺助力乡村振兴。

袁孝鑫对扎染产品进行手工设计

经了解，下庄染坊源起20世纪20年代，原址位于下庄村二社。当时，染色的面料主要用的是村民纺织的佳积布，染料用的是被称为"蓝子"（靛蓝，俗称板蓝根）的植物，种植在河谷石厂一带，染出的颜色为蓝色，染的次数越多，颜色越深越好。染第一遍叫悦蓝布，第二遍叫双蓝布，第三遍叫型蓝布。由于那时穷，大部分村民只染一遍。只有家中有喜事，才会舍得染型蓝布来缝制衣服。

我又多次向村里的老年人打听过这项技艺的详情，并通过网络查找相关资料，还两次到云南大理学习扎染，参观了巍山的扎染工厂、周城的家族式作坊，以及行业领先的蓝续古法扎染店。我看到扎染艺人用纱、线、绳等工具，对织物进行扎、缝、缚、缀、夹等多种形式加工，从而创造出各种美妙绝伦的图案，更坚定了我要从事扎染技艺的信念。从云南学习回来，我迫不及待地翻新了自家老屋，投入近10万块创办了"下庄布谷植物染工作室"。

理想很丰满，现实很骨感。由于时间短，制作的产品相对单一，在工作室刚启动时，基本上没有任何收入，但还得继续投入各种成本来维持它的基本运转。加上每月要还两千多块的房贷，我的生活很有压力，思想上也有了些波动。

好在这种不良情绪很快就过去了。2022年8—9月，乡政府推荐我和村里的几位年轻人参加了湖南卫视《这十年·追光者》《这十年·追光之夜》和重庆电视台《我和我的新时代》的节目拍摄，与何炅等人同台表演。

"我的青春是无悔的，我的选择也是无悔的。"拍摄过程中，当听到从河北来到新疆且末县的支教老师将青春献给西部，用一生兑现"不会离开"的承诺时，我心潮澎湃，更觉得自己的选择是正确的，特别是主持人的那句话——"一个国家的进步镌刻着青年的足迹，一个民族的未来寄望于青春的力量"，更是激发我对做好下庄扎染的勃勃雄心。

参加完节目拍摄回到下庄，我一门心思地扑在扎染的制作和创新上。除了靛蓝，我就地取材，采用枇杷叶、洋葱皮、核桃皮、青柿子等天然植物染色，不断实践，制作出的扎染织品，比以前多了花型、图案的制作工艺。同时，还采用了一些工具，比如皮筋、弹珠、针线等，制作出独一无二的扎染款式，深受乡亲和游客的喜爱。2023年2月，我参加巫山县第二届创业创新暨返乡人才创意大赛，获得创意组三等奖，更是激发出我对做好下庄扎染技艺的空前热情。

在扩建布谷植物染工作室的同时，我还动员村里的年轻人一起研学、传承下庄扎染技艺，想让我们的扎染跟传统扎染有所区别。除了能对桌布、T恤等物品进行简单扎染，现在我们还可以将扎染运用到围巾、服装，或者小配饰上，推动实用化、创新化，并设计出具有"天路"元素的体验式扎染。我想把丰富和美丽的图案展现在人们的眼前。

我每周还会抽出时间去下庄小学，手把手教孩子们进行简单的扎染制作，增强孩子们对扎染传统艺术的喜爱，更好地将扎染艺术进行传承和发扬。

我还有一个畅想，也在进一步实施中，就是打造一个布谷植物染小院——集扎染、花园、茶饮、摄影等为一体的一站式乐园，成为下庄旅游新的网红打卡点。以前人们是因为下庄旅游认识了"布谷植物染工作室"，希望有朝一日有人会因为它的发展壮大而更全面地了解下庄，让更多的人喜欢扎染、从事扎染，让更多的山外游客来我们下庄游玩和参观，带动下庄村的发展。

我是从下庄走出去的青年，见证了老一辈不畏艰辛、不怕牺牲、造福后代的壮举。现在，他们年龄大了，乡村振兴的接力棒理所当然地交到了我们下一代的手上。我要用我们学到的知识、拥有的力量让家乡变得更加美好，"染"出下庄的新画卷。

扎染传承千年，它的兴衰荣辱，印证着时代变迁。一些传承人已经放弃，但也有一部分人在负重前行，我想我就是努力向前奔跑的那一个……

图书在版编目（CIP）数据

我们下庄人 / 重庆市巫山县竹贤乡人民政府 , 重庆市巫山县竹贤乡下庄村村民委员会组编 . -- 重庆 : 重庆大学出版社 , 2024. 10. -- (乡村振兴创新实践丛书).
ISBN 978-7-5689-4743-5

Ⅰ . F127.719.4

中国国家版本馆 CIP 数据核字第 20246VW985 号

我们下庄人
WOMEN XIAZHUANGREN

重庆市巫山县竹贤乡人民政府
重庆市巫山县竹贤乡下庄村村民委员会　　　组编

责任编辑：张菱芷　　版式设计：张菱芷
责任校对：关德强　　责任印制：赵　晟
＊
重庆大学出版社出版发行
出版人：陈晓阳
社址：重庆市沙坪坝区大学城西路 21 号
邮编：401331
电话：（023）88617190 88617185（中小学）
传真：（023）88617186 88617166
网址：http://www.cqup.com.cn
邮箱：fxk@cqup.com.cn（营销中心）
全国新华书店经销
印刷：重庆新金雅迪艺术印刷有限公司
＊
开本：787mm×1092mm　1/16　印张：8.5　字数：149 千
2024 年 10 月第 1 版　　2024 年 10 月第 1 次印刷
ISBN 978-7-5689-4743-5　定价：68.00 元